Carl-Auer-Systeme

Für meine Söhne
Christopher und Julian

„Du gehörst zu uns!"

Marianne Franke-Gricksch

Systemische Einblicke und Lösungen
für Lehrer, Schüler und Eltern

Dritte Auflage, 2004

Carl-Auer-Systeme im Internet: **www.carl-auer.de**
Bitte fordern Sie unser Gesamtverzeichnis an!

Carl-Auer-Systeme Verlag
Weberstr. 2
69120 Heidelberg

Satz u. Grafik: Drißner-Design u. DTP, Meßstetten
Umschlaggestaltung: WSP Design, Heidelberg
Printed in the Netherlands
Druck und Bindung: Koninklijke Wöhrmann B. V., Zutphen

Dritte Auflage, 2004
ISBN 3-89670-397-8

Bibliografische Information Der Deutschen Bibliothek
Die Deutsche Bibliothek verzeichnet diese Publikation
in der Deutschen Nationalbibliografie; detaillierte bibliografische
Daten sind im Internet über http://dnb.ddb.de abrufbar.

Inhalt

Danksagung

Mein Dank gilt allen meinen therapeutischen Lehrerinnen und Lehrern, vor allem Ingrid, die mich lehrte, Gefühle von der Wirklichkeit zu unterscheiden, und mir die Angst vor dem Fühlen nahm. Mein Dank gilt auch den Lehrerinnen und Lehrern an meiner Schule, wir bildeten ein wunderbares Kollegium. Darüber hinaus möchte ich all jenen danken, die mitgeholfen haben beim Schreiben: Zunächst Guni und Walter, ihr habt meinen „Schulgeschichten" so gerne zugehört und mich dazu angestiftet, einen Aufsatz zu veröffentlichen. Ich danke dir Bert, du wolltest, dass ich den Aufsatz zu einem Buch erweitere, und vor allem dir, Gunthard, Du hast immer daran geglaubt, dass etwas aus dem Buch wird, auch und vor allem zu den Zeiten, als das Schreiben stagnierte. Eva, du hast mich viele Jahre über ermuntert, meine Erfahrungen aufzuschreiben, als ich sie anfallweise immer wieder für unwichtig hielt, und mir mehrmals die Möglichkeit gegeben, mich in einem wunderbaren Haus am Meer zurückzuziehen. Mein Dank euch allen.

Marianne Franke-Gricksch
München, im Mai 2001

Man muss Geduld haben,
gegen das Ungelöste im Herzen,
und versuchen, die Fragen selber lieb zu haben,
wie verschlossene Stuben,
wie Bücher, die in einer sehr fremden Sprache
geschrieben sind.

Wenn man die Fragen lebt,
lebt man vielleicht allmählich,
ohne es zu merken,
eines fremden Tages in die Antwort hinein.

Rainer Maria Rilke
(aus: Briefe an einen jungen Dichter)

Zum Geleit

Als Marianne Franke-Gricksch mir vor zwei Jahren einige Berichte über ihre Erfahrungen mit schwierigen Kindern in der Schule zukommen ließ, war ich sehr davon berührt, wie einfach, liebevoll und heilend ihre Hilfen für diese Kinder und ihre Eltern waren. Damals sagte ich zu ihr: „Du musst ein Buch darüber schreiben!“ Nun liegt ein solches Buch von ihr vor, und mein Eindruck von damals wurde noch übertroffen.

Dies ist ein besonderes Buch, reich an Erfahrung, nah am Alltag, voller eindrucksvoller Beispiele, die Hoffnung machen und zur Nachahmung anregen. Zugleich ist es eine klare und praktische Anleitung für Eltern und Lehrer, auch schwierige oder sogar aussichtslos erscheinende Situationen zum Guten zu wenden.

Das Buch geht zu Herzen. Vielen, die da hineinschauen, wird es vielleicht ergehen wie mir: Sie kommen nicht mehr davon los.

Ich danke Marianne Franke-Gricksch, dass sie dieses Buch geschrieben hat.

Bert Hellinger
München, 2001

1. Einleitung

In diesem Bericht möchte ich Ihnen schildern, wie ich aufatmete, als es mir gelang, die „systemische" Sicht der Familientherapie in meinen Schulalltag zu übertragen. Aus dieser Sicht werden die Menschen nicht als einzelne Individuen, sondern immer als Teil eines Beziehungszusammenhangs wahrgenommen. Mein Auftrag als Lehrerin stellte sich dadurch in anderem Licht dar. Das neue Sehen löste bei den Kindern und mir Freude aus, und es entstanden viele Ideen dazu, wie Schule gelebt werden kann. Dabei kam mir freilich entgegen, dass in Bayern an Hauptschulen die Klassenleiterin in ihrer Klasse neben dem Kernunterricht, Deutsch und Mathematik, noch weitere Fächer wie Geschichte, Biologie, Erdkunde, manchmal auch Kunst und Musik oder Englisch unterrichtet. Von daher waren ideale Bedingungen gegeben, mit den Kindern konsequent die systemische Sicht der Dinge zu entdecken und sie, soweit wie irgend möglich, im Unterricht umzusetzen.

Zu dieser Zeit war ich bereits über zwanzig Jahre an Hauptschulen in den Jahrgangsstufen 7/8 und 5/6 tätig. Die meisten der hier geschilderten Erfahrungen beziehen sich auf 5./6. Klassen, in denen ich während der letzten Zeit meiner Lehrtätigkeit unterrichtete.

Bert Hellingers Gedankengut und Lehre, die ich in vielen Seminaren erfahren hatte, beeindruckten die Kinder am nachhaltigsten und verwandelten ihren Blick auf Elternhaus und Schule vollständig. Auf diesem Fundament einer neuen Weltsicht war es leicht und für alle inspirierend, Erkenntnisse verschiedener systemischer Schulen zu begreifen und umzusetzen. Bald gingen die Kinder selbstständig mit außerordentlichem Enthusiasmus an die Arbeit und brachten weit mehr Ideen, Ressourcenwissen und Lösungsvorschläge ein, als ich sie jemals hatte oder für möglich hielt. Die Anwendung umfasste Bereiche der persönlichen Entwicklung der Kinder im Elternhaus und in der Schule sowie wesentliche Aspekte der Schule an sich: Fragen zur Effizienz des Lernens, des Umgangs mit neuen Wissensgebieten und Lerntechniken unter Einbeziehung der Phantasie, aber auch Fragen zur Neugestaltung des Schulalltags, des sozialen Umgangs miteinander, des Umgangs mit Aggressionen innerhalb der Klasse und mit Schülern anderer Klassen – um nur einige wichtige Gebiete zu nennen.

Ich habe mich entschlossen, meine Ideen und Vorgehensweisen so zu schildern, wie sie sich als interaktiver Prozess in der Klasse entwickelten, und auf eine durchgehende Systematik zu Gunsten einer erlebnisnahen Schilderung verzichtet. Leserinnen und Leser können sich diesem neuen Denken anhand der Berichte nähern. Wo es mir für ein tieferes Verständnis wichtig erschien, habe ich vor oder nach einem Kapitel jeweils in kurzen Abschnitten theoretische Grundlagen hinzugefügt.

Schulen sind von unterschiedlichem Geist getragen, sie wirken freundlich oder weniger freundlich, manche sind modern, leistungsorientiert, andere konservativ, streng, wieder andere weltanschaulich geprägt oder fachlich ausgerichtet. Viele Schulen behalten ihr Wesen über Jahrzehnte, und die Schulleiter und Lehrer, die folgen, begeben sich hinein, erfüllen, was vorgegeben ist oder verändern es langsam. Mein Vater leitete eine Hauptschule, und seine Arbeit machte ihm Spaß, weil es ihm gelang, das Wesen dieser Schule aktiv mitzugestalten. Er war Musiker, und seine Schule hatte eine Seele, das war die Muse. Der Schulalltag wurde umrahmt von Musik und Kunsterziehung. Diese „Nebenfächer" hatten für ihn grundlegende Bedeutung. Einen wichtigen Auftrag der Schule sah er in der Anleitung zu gemeinschaftlichem Tun: zur Freude am Chorsingen, am Orff'schen Schulwerk oder an Theateraufführungen. Bei den Sportfesten ging es nicht nur um sportliche Leistungen, sondern auch um die Gestaltung von Vorführungen mit Tänzen, Zauberkunststücken und vielem anderen mehr. Es gab laufende Ausstellungen von Bildern, Handarbeiten und Werkstücken.

Als ich selbst ab Mitte der sechziger Jahre im Schuldienst war, unterrichtete ich auch ein Jahr lang an der Schule meines Vaters und konnte erfahren, wie sehr meine Schülerinnen und Schüler der 6. Klasse von diesem Geist erfasst wurden, wie sie bereit waren, etwa im Deutschen, in der Mathematik, im Englischen rasch und konzentriert zu arbeiten, um einer nötigen Theater- oder Musikprobe willen.

Es war damals die Zeit der Beatles, und mein Vater, der persönlich der Popmusik absolut fern stand, hatte sogar einer kleinen Schülergruppe, bestehend aus einem Schlagzeuger, einem Gitarristen und einem Sänger, Übungsmöglichkeiten in einem Abteil des Schulkellers verschafft.

Die Begeisterung und das Engagement aller war groß, wir behielten den Unterricht im Auge und waren um einer gemeinschaftlichen Sache willen zu zeitlichen Opfern bereit. Wenn die Schule in der Unterrichtsdidaktik und den Methoden der einzelnen Fächer auch keine Unterschiede zu übrigen Regelschulen aufwies, so atmete sie doch in ihrer Grundkonzeption eine lebendige Kraft, die Intuition von Lehrern zuließ und Kinder anregte, ihr eigenes Leben zu lernen. Dafür hatte mein Vater Räume eröffnet, Gemeinschaftserfahrungen und Anregungen geboten. Der Schwung der Schule erfasste Lehrer wie Schüler und erfreute die Eltern.

Später lernte ich andere Hauptschulen kennen. Hier gab es weniger Flair, das mich hätte einbeziehen können, und ich fühlte mich mehr auf mich selbst gestellt, in meinen Klassen einen guten Geist ins Leben zu rufen.

Wie viele Lehrer verzweifelte ich oft an meinen Aufgaben. Ich fühlte mich zunehmend durch die äußeren Bedingungen eingeschränkt: durch die Veränderung der Kinder hin zum Konsumverhalten und zur Fernsehwelt, durch ihr Herkunftsmilieu und die damit verbundenen Verhaltensweisen, aber auch durch das zunehmende Diktat des Lehrstoffes, der auf Vermittlung pocht und kaum Zeit für tätiges Erkunden lässt, die vielfältigen kultusministeriellen Auflagen, die organisatorischen Regeln im Schulhaus und für den Unterrichtsablauf, die Vorgaben von Unterrichtseinheiten, die in Klassenzimmern, an Tischen und Bänken, in viel zu kurzen Zeiteinheiten abgewickelt werden. Meine Selbsteinschätzung hinsichtlich meiner eigenen menschlichen und pädagogischen Fähigkeiten neigte sich in diesem Alleingang in einer Klasse nur allzu oft dem Negativen zu.

Nach zehn Arbeitsjahren war ich erschöpft. Ich hatte kaum mehr Vorstellungen, wie ich noch einmal Zugang zu der Freude und dem Engagement meiner frühen Lehrerinnenzeit der sechziger und beginnenden siebziger Jahre bekommen könnte. Es gab keine zündende Grundidee mehr, wie ich sie von meinem Vater kannte, nach der ich meinen Schulalltag hätte ausrichten können.

Zu sehr hatte sich die Sicht auf mein Arbeitsfeld mit seinen Einschränkungen verbunden, mit dem, was „nicht geht". Der Blick in die Tiefe dieses wunderbaren Berufs und der Zugang zu den Entfaltungsmöglichkeiten, die für Lehrer, Schülerinnen und Schüler immer vorhanden sind, waren mir verstellt.

Ab Mitte der siebziger Jahre wandte ich mich in meiner persönlichen und beruflichen Not einer Supervisionsgruppe für Lehrer zu. Ich entwickelte Interesse an der Psychotherapie, machte Ausbildungen bei mehreren Familientherapeuten und lernte auch Bert Hellinger kennen, der gerade eine besondere Art der Familientherapie, das Familien-Stellen, entwickelte.

Über einige Jahre hinweg behandelte ich nun mein Arbeitsfeld Schule und das neue Wissensgebiet „systemische Familientherapie", in dem ich mich fortgebildet hatte, wie getrennte Welten. Es gab eine Menge von Situationen im Umgang mit Eltern, Kindern, Kollegen und während des Unterrichts, die systemisches Vorgehen oder einen Hinweis aus systemischer Sicht nahe gelegt hätten. Zunehmend geriet ich unter Spannung, so als würde meine schulische Arbeit systemisches Denken oder gar Vorgehen verbieten. Ich wollte möglichst rasch die Schule verlassen, um mich beruflich ganz der Psychotherapie zuzuwenden.

Eines Tages jedoch, in den frühen neunziger Jahren, ging die Saat dieses Wissens und der bereits in Einzel- und Gruppentherapien gemachten systemischen Erfahrungen wie von selbst im Unterricht auf. Es gelang mir eine Übertragung vieler Einsichten und Vorgehensweisen aus der systemischen Familientherapie auf den gesamten schulischen Bereich.

Grundlage jeglichen systemischen Denkens und Handelns in der Schule bildete für mich die Lehre Bert Hellingers. In seiner eindrucksvollen Methode des Familien-Stellens konnten die Kinder die Ordnungen der Familie und ihre Wirkkräfte körperlich erfahren. Das war es, was sie faszinierte, erschütterte und verwandelte. Alle anderen systemischen Ideen, Methoden und Vorgehensweisen folgten dem nach.

2. Systemisches Arbeiten im Unterricht, beeinflusst durch die Erfahrungen mit der systemisch-phänomenologischen Arbeit Bert Hellingers

2.1 Der Durchbruch – systemisch-phänomenologische Denkweisen fliessen zum ersten Mal in den Unterricht mit ein

Die phänomenologische Sicht Bert Hellingers

Bert Hellinger hat im Verlauf seiner Arbeit als Psychotherapeut noch eindringlicher als seine Vorgänger (V. Satir, M. Selvini und I. Boszormenyi-Nagy) darauf hingewiesen, wie wir auf einer tiefen unbewussten Ebene in unsere Familie als Schicksalsgemeinschaft hineinverwoben sind und welche Wirkkräfte die Beziehungen zu unseren Eltern, Geschwistern, Großeltern, Onkeln und Tanten entfalten können. Im Rahmen des Familien-Stellens gelingt es Hellinger aufzuzeigen, dass wir teilhaben an einer großen Seele, die alle Familienmitglieder umspannt. Wir spüren, wie wir die Eltern lieben, unseren Familien dienen, oft unbewusst versuchen, Schuld und Not der Eltern oder Anverwandten aus vorhergehenden Generationen in unserem Leben auszugleichen. Mitunter sind wir sogar bereit, die Stelle tragisch oder als Kind verstorbener Familienmitglieder einzunehmen, schwer wiegende Verluste oder Taten von Eltern oder Anverwandten auszugleichen. Auf diese Weise leben Menschen mitunter kein selbstbestimmtes Leben, sondern fühlen sich fremd mit sich selbst, ja manche Menschen erleben sogar den Drang nach vorzeitigem Tod. Mit dem Familien-Stellen zeigt Hellinger, dass es eine grundlegende Ordnung gibt, in der sich alle Familienmitglieder wohl fühlen, und er zeigt Wege auf, wie wir diese Ordnung und unseren angemessenen Platz in der Familie finden und einnehmen können. Dabei geht es vor allem um die Achtung vor dem Schicksal anderer

Ziel

Familienmitglieder, besonders das der Eltern und Geschwister. Darüber hinaus zeigt er auch Wege auf, verdrängte Trauer nachzuholen, von der Menschen oft Generationen später noch betroffen sind. Verstrickungen mit Schicksalen anderer Familienangehöriger, auch mit bereits verstorbenen, werden deutlich und können durch Achtung vor diesen Menschen gelöst werden. Die Achtung und die Familienliebe sind keine Gefühle, sondern eine grundsätzliche, in den meisten Fällen unbewusste, Haltung. Oft unterscheiden sich daher unsere Meinungsäußerungen und Ansichten über familiäre Dinge durchaus von unseren Handlungen, die von der Kraft dieser unbewussten Haltung getragen sind. Bei allen Hinweisen auf mögliche oder notwendige Haltungsänderungen vor Eltern, Geschwistern oder Verwandten betont Hellinger immer wieder, dass unsere Einbindung in die große Seele schicksalhaft ist und wir unserem (Familien-)Schicksal ausgeliefert sind.

Bert Hellinger nennt seine Vorgehensweise systemisch-phänomenologisch, im Gegensatz zum systemisch-konstruktivistischen Ansatz, den ich noch ausführlich beschreiben werde.

Im Familien-Stellen werden Bilder von Familien durch gewählte Repräsentanten dargestellt. Es baut sich dabei ein Feld auf, in dem die Stellvertreter Gefühle und Haltungen der Menschen erleben, die sie repräsentieren. Man kann also sagen, dass das aufscheinende Feld einer Familie ein Phänomen ist, das die Haltungen und Gefühle einzelner Familienmitglieder bedingt. Beim Familien-Stellen kann sich durch die Haltungsänderung eines Klienten dieses Feld neu ordnen, was als heilend erlebt wird.

Anders als im Ansatz Bert Hellingers haben systemisch-konstruktivistische Schulen in ihren Vorgehensweisen eine Neugestaltung von Wirklichkeit zum Ziel. Im Rahmen eines demokratischen Prozesses entwächst dabei der Mensch seiner Familie und wird zum Individuum. Auch dieses Konzept konnte ich gut verwenden, und es bildete den Ausgangspunkt für eine reiche, kreative Arbeit. Die grundlegenden Erkenntnisse und Wandlungen, die die Kinder durch die Arbeit nach Bert Hellinger erfuhren, ereigneten sich jedoch auf einer anderen, tieferen Ebene. Das Anerkennen von Ordnungen der Liebe, die Achtung vor dem Schicksal, die Verneigung vor dem Unbegreiflichen und Unabwendbaren, die nachgeholte Trauer: Das alles verlieh ihnen eine neue Sicherheit im Blick auf die Welt, ihre Familien und Freunde. Aus dieser Sicherheit heraus gelang es ihnen,

Ideen aus den Schulen der Hypnotherapie und der konstruktivistischen Richtung der Familientherapie aufzunehmen und sie kreativ weiterzuspinnen.

Über den neuen Blick der Lehrerin auf ihre Schülerinnen und Schüler

Es entsteht unter uns Lehrern immer wieder die Vorstellung, Kinder sollten von ihrer häuslichen Enge befreit werden, in der soziale Schwierigkeiten, Fernsehen und Konsum den Vorrang haben. Stattdessen sollen sie für eine Gemeinschaftsethik und für das allgemeine Wissens- und Kulturgut, das die Schule im sozialen Rahmen der Klassengemeinschaft vermittelt, motiviert werden, so als könne die Schule als kulturelles und soziales Korrektiv eingreifen. Auch die Medien fordern das.

Das Familien-Stellen führte mich zu einem neuen Verständnis für die Kinder. Ich sah ihre Einbindung und Loyalität ihren Familien gegenüber. Ich erkannte aber auch die Kräfte, mit denen sie Elternhaus und Schule ständig zu verknüpfen bemüht waren und erlebte, dass eben diese Kräfte fruchtbar werden können. Das geschieht nämlich dann, wenn wir uns als Lehrer den Elternhäusern von Herzen öffnen, ihnen sozusagen Einlass gewähren als permanente unsichtbare Präsenz in der Klasse. Hellingers Grundgedanken des Eingebundenseins waren es, die mich zunächst zur Anwendung systemischer Ideen im Unterricht brachten.

Zunehmend gelang es mir, in den Schulkindern vorrangig die Repräsentanten ihrer Familien mit deren Gesetzen, ihrer eigenen Dynamik und ihren besonderen Aufgaben zu sehen. Die Kinder zeigten mir immer wieder, dass sie zutiefst ihrer Familie verpflichtet sind und unnachgiebig dieser Dynamik den Vorrang geben.

Die Verunsicherung durch das neue Feld Schule und auch durch das Lernen an sich lässt sich für die Kinder leichter ertragen, wenn sie anerkannt werden in allem, was sie mitbringen. Dann ist die Schule kein besserer Vorschlag zum Leben im Elternhaus, sondern eine Bereicherung des bereits Vorhandenen. Auch die Achtung, die wir als Lehrer vor dem Kind haben, ist dann nichts anderes als die Achtung vor seiner Herkunftsfamilie, und das beinhaltet auch die Achtung vor dem gesamten Familienschicksal, ob es dem Kind in seiner Entwicklung und Lernbereitschaft aus unserer Sicht förderlich ist oder hemmend wirkt.

Wir können dem Kind nichts Besseres schenken als die Anerkennung seines Schicksals, so wie es ist, und das erfordert von uns Lehrern eine große Disziplin – den Verzicht darauf, dem Kind helfen zu wollen, z. B. die Beschränkungen der familiären Herkunft zu überwinden.

Wir sind nur die Lehrer; die Kinder selbst bleiben mit ihrem Schicksal, ihren Familien verbunden. Eine Wendung schwieriger Konstellationen ergibt sich mitunter, wenn dem Kind selbst die Achtung vor seinem eigenen Schicksal gelingt. In den meisten Fällen jedoch bleiben sie in Liebe verstrickt: Sie lehnen äußerlich ab, worunter sie leiden und was sie (unbewusst) vorbehaltlos lieben. Aus diesen Überlegungen heraus wurde mir bald klar, dass alle unsere Schicksale gleiche Bedeutung haben, um mit Bert Hellinger zu sprechen: gleich gültig sind.

Meine Erkenntnisse um diese tiefen Zusammenhänge ließen mir zunächst die Vergeblichkeit meiner schulischen Anstrengungen noch deutlicher erscheinen; je länger ich unterrichtete, desto hilfloser fühlte ich mich. Konnte ich als Lehrerin einen Beitrag dazu leisten, dass ein Kind aus schwieriger Herkunft, arm, in sozial verworrenen Verhältnissen lebend, von der Mutter, den Eltern vernachlässigt, heimatvertrieben, ohne Vater aufwachsend, sein Schicksal anerkennt? Konnte ich dazu beitragen, dass es sein Schicksal gleich gültig sieht, neben dem Schicksal eines Kindes aus gut situierten, geordneten Verhältnissen? Und war ich bereit, es so zu sehen? Fragen über Fragen tauchten auf.

Eine systemische Idee – der Familienkontext als Lernhilfe

Eines Tages, es war schon Anfang der neunziger Jahre, sagte ich den Kindern einer 6. Klasse, die ich außerturnusmäßig übernommen hatte, wie aus heiterem Himmel: „Ich sehe euch stets mit euren Eltern gemeinsam im Klassenzimmer. Es ist mir klar, dass hier nicht 22 Kinder sondern 22 Familien vor mir sitzen, also zusammen mit Vater und Mutter 66 Menschen plus mich mit meinen Kindern und dem Vater meiner Kinder."

Die Schülerinnen (12-Jährige) kicherten. Als ich ihnen jedoch versicherte, dass ich es ernst meinte, machten sie sich Gedanken darüber.

Manche meinten, sie wollten nicht immer von Vater oder Mutter überwacht werden und seien froh, ohne die Eltern hier zu sein, andere blieben still, wieder andere schienen erfreut.

Auch sagte ich ihnen, dass wir von den Eltern unterstützt würden und uns stark fühlten, wenn wir uns vorstellten, dass sie hinter uns stehen.

Etwas später machten wir ein Experiment dazu. Ich gab ihnen, wie täglich, Kopfrechenaufgaben, z. B. $^1/_5$ von 40 oder $^1/_3$ von 66, später $^3/_4$ von 100 usw. Jeder Lehrer kennt den Stoff. Dabei wechselte ich stets mit meiner Anweisung ab: Mit Eltern hinter dir: etwa fünf Aufgaben – und ohne Eltern hinter dir: etwa fünf Aufgaben. Sie konnten ihre Ergebnisse an der Rückseite der Tafel auf Richtigkeit überprüfen.

Die Beobachtungsaufgabe jedoch war: Wann rechnet ihr sicherer / schneller, mit oder ohne den inneren Beistand der Eltern? Auch überprüften die Kinder später, als sie Spaß bekommen hatten an diesem Experiment, ob der Beistand des Vaters oder der der Mutter effizienter war. Viele Schülerinnen und Schüler wurden lockerer im Kopfrechnen, ganz einfach deshalb, weil das Experiment sie interessierte und der Erfolg mit einem neuen Aspekt gekoppelt war. Manche fanden auch heraus, dass ein Onkel, eine Schwester oder die Großmutter gute Hilfen waren. Natürlich wollten sie schnell und richtig rechnen. In Verbindung mit dem Experiment gab es jedoch etwas zum Staunen, z. B. dass mehrere Kinder ihre Rechenleistungen mit einem inneren Beistand nachweisbar steigern konnten. Das freute dann die ganze Klasse. Es tat uns allen sichtbar gut, dass es gelang, das Augenmerk immer wieder wegzunehmen von der Frage „Wer wird Erster?" und es stattdessen auf systemische Fragen zu lenken: „Wer ist mir in meinem Lernfeld hilfreich?", „Mit wem zusammen fallen mir Leistungen leichter?" Einige Kinder hatten auch einen Elternteil, der ihnen Angst vor dem Versagen machte. Dieser Mutter, diesem Vater sollten sie dann innerlich sagen, sie würden es schon schaffen, zusammen mit … (wer immer die Helferinnen und Helfer waren).

Eine Schülerin berichtete einmal, dass es ihr zusammen mit der Oma am besten ginge, „die kann nämlich gar nicht rechnen", meinte sie, „aber sie beruhigt mich, ihr ist es nicht wichtig, ob ich's kann oder nicht!". An diesem Experiment, das die Kinder konsequent übers ganze Schuljahr hinweg einforderten, konnten wir auch erleben, dass guten Schülerinnen und Schülern die Frage, wie es lernschwächeren Kindern gelingen kann, im Lernen und in der Leistung weiterzukommen, auch wichtig ist.

Bei Probeaufgaben oder Aufsätzen fragte ich immer wieder verzweifelte Kinder, ob ihre Hilfsperson, Vater, Mutter, Bruder bei ihnen seien. Sie sagten manchmal, sie hätten jetzt keinen Nerv, sich darum auch noch zu kümmern. Dann stellte ich wortlos einen leeren Stuhl neben sie und an ihren dankbaren Augen konnte ich ablesen, wie gut ihnen die Hilfe tat. Sie wurden ruhig und konnten sich konzentrieren.

2.2 Die Eltern begleiten uns immer – Einführung des Familienbildes

Von diesem Tag an begleitete uns die Frage nach der Effizienz im Lernen mit einer „Hilfsperson" ständig. Die Kinder begannen mich nach meinen eigenen Eltern zu fragen und ob diese in meiner Vorstellung auch noch bei mir wären. Ich erzählte ihnen, dass mein Vater bereits verstorben sei, dass ich jedoch sehr dankbar an ihn dächte, weil er mir als Lehrer in der Schule in schwierigen Situationen noch immer helfen könne. Das ganze Thema Eltern/Kinder wurde zum großen Interessenfeld – zu meiner Verwunderung, denn in den 6. Klassen vorher ging es längst um Abnabelung von den Eltern, um Sexualität, um Gewalt im Fernsehen, auf der Straße und in der Schule, Liebschaften, Drogen und ähnliche Themen.

Die Kinder fragten mich, ob wir am Freitag in der 6. Stunde – es war die Deutsch-Stunde, die ich oft zur freien Verfügung stellte – weiter über Familie reden könnten, sie spürten, dass ich noch mehr wusste. Und ich spürte, dass sie über sich sprechen wollten. Wir saßen also freitags im Kreis. Ein Junge erzählte, dass er bald einen kleinen Bruder bekäme, ein anderer sagte, er würde das nicht wollen, weil er sonst nicht mehr so viel Aufmerksamkeit von den Eltern bekäme. Es ging darum, ob die Liebe weniger wird, wenn viele Geschwister in der Familie sind, ob Liebe teilbar ist oder ob die Eltern einen auch immer noch lieben, wenn sie ihre verstärkte Zuwendung dem Neugeborenen geben.

Das Gespräch lief – zu meinem Erstaunen – ohne Störungen oder dass sich jemand gelangweilt hätte. Vielmehr lag eine Spannung, gepaart mit einer spürbaren Erwartung über der Klasse.

Dann erzählte ich ihnen, dass ich mit anderen Erwachsenen manchmal ein Familienspiel spiele. Das wollten natürlich viele gleich spielen. Ich erklärte ihnen, dass man dafür Stellvertreter aussucht und sie hinstellen kann, als wären sie Vater und Mutter, Geschwister und man selbst. Dann zeigte ich es ihnen mit meiner eigenen Herkunftsfamilie. Sie wussten schon, dass ich zwei Brüder habe, auch dass meine Mutter (damals) noch lebte und mein Vater gestorben war.

Ich stellte mithilfe von fünf Schulkindern meine Familie auf. Jeder wollte natürlich ein Familienmitglied spielen. Erst gab es auch eine kleine Enttäuschung, dass nämlich mit dem Aufstellen das Spiel schon zu Ende war.

Als ich alle fünf Stellvertreter auf ihren Platz gestellt hatte, trat Ruhe ein, und ich bat die einzelnen Kinder zu sagen, wie es ihnen gehe.

Das Mädchen, das meine Mutter darstellte, sagte, sie möchte gerne näher zu ihrem Mann (ich hatte den Stellvertreter für meinen verstorbenen Vater etwas nach hinten gestellt, und sie streckte den Arm nach ihm aus). Ich wurde sehr traurig. Längst hatte ich gespürt, dass meine Mutter sich zum Sterben bereitmachte. Die Kinder waren sprachlos, obwohl gar nichts anderes geschehen war, als dass ich fünf von ihnen auf einen gewissen Platz gestellt und das Mädchen, das für meine Mutter stand, ihr Gefühl geäußert hatte. Sie spürten, dass sie teil hatten an einem Feld, das durch das Stellen entstanden war, und sie spürten meine Traurigkeit.

An diesem Tag hörten wir auf zu spielen, und die Kinder fragten, ob sie ihre Familien auch hinstellen dürften, ob das bei ihren Familien auch so ginge, dass die Stellvertreter Gefühle äußern könnten. Ich riet ihnen, erstmal darüber nachzudenken und meinte, dass das Familienbild ja auch etwas sehr Intimes sei, was nicht jedes Kind so ohne weiteres in der Klasse preisgeben könne. Damit waren sie zufrieden – aber nur für eine kurze Weile.

Ich sagte ihnen, dass die Familie das Wichtigste sei, was wir haben und dass wir darüber kaum nachzudenken brauchten, jeder wisse das, jedes Kind liebe seine Eltern, auch wenn sie uns Unrecht tun, auch wenn wir sie hassen.

Da gab es einen großen Tumult. Einige wollten mir beweisen, dass sie die Eltern zu sehr hassen, weil sie Verbote machen, schimpfen und sie schlagen, als dass sie sich noch mal verbunden fühlen könnten. Manche jedoch erzählten, dass sie abends erst einschlafen könnten, wenn sie mit den Eltern wieder gut seien.

Ich ließ das alles auf sich beruhen und sagte ihnen: „Ich weiß, dass einige von euch es schwer haben mit ihren Eltern und von ihnen ungerecht behandelt oder verletzt worden sind. Dennoch bleibe ich bei meiner Meinung, wir lieben unsere Eltern, ja wir sind uns selbst sogar innerlich dafür böse, wenn wir sie hassen, schlecht über sie sprechen oder ihnen Böses wünschen." Zu diesem Thema schrieben mir später sogar einige Kinder kleine Briefe, Erinnerungen daran, wie es ihnen gegangen war, als sie auf die Eltern böse waren.

Nach einer Woche kamen die Kinder wieder auf das Familienbild zu sprechen. Einige hatten unaufgefordert bereits Pläne aufgezeichnet oder Bilder gemalt, wie sie die Mitglieder ihrer Familie hinstellen wollten.

Da konnte ich mich nicht mehr entziehen, und so stellten wir als Erstes die Familie von Josip auf.

Der Junge war mit seinen Eltern aus Kroatien gekommen, und seine Mutter erwartete ein Kind. Die Schüler wollten das Ungeborene mit aufstellen, es sollte nach ihrer Vorstellung zu Füßen der Mutter kauern. Josip führte die Stellvertreter ganz langsam und sorgfältig auf ihre Plätze. Ich weiß es noch wie heute. Vater und Mutter standen nah nebeneinander, vor ihnen standen ihre beiden Kinder, und das Ungeborene kauerte zu Füßen der Mutter.

Dann wurde Josip traurig und meinte: „Die Oma gehört noch mit dazu, leider lebt sie in Kroatien." So holte er noch ein Mädchen und stellte es neben die Mutter, als Großmutter. Sofort äußerte die Stellvertreterin der Mutter, dass ihr das gut tue, wenn ihre Mutter so nah bei ihr sei. Josip zeigte sich tief bewegt und erfreut, als er die Stellvertreter dort stehen sah, auch dass seine Mutter jetzt Unterstützung von der Oma hatte, und er blickte lächelnd auf das ungeborene Kind. Alle Stellvertreter äußerten, dass sie auf dem richtigen Platz stünden und es ihnen gut ginge.

Es breitete sich auch dieses Mal für wenige Minuten eine Ruhe in der Klasse aus, von der sogar meine unruhigsten Schüler mit ergriffen waren. Ich zeigte ihnen, wie man aus seiner „Rolle" herauskommt. Josip bedankte sich, und die Stellvertreter schüttelten sich. Ich sagte den Kindern, dass sie auf diese Weise wieder zu ihren eigenen Gefühlen kämen.

Hinterher erzählten die Stellvertreter, dass sie ganz andere Gefühle gehabt hätten, als sie es gewohnt seien und der Junge, der den Vater „gespielt" hatte, meinte, er möchte gerne wissen, ob sein Vater sich auch so ähnlich fühle, er sei stolz auf Josip gewesen. Jetzt war ein Interesse in den Kindern geweckt, für die Unterschiedlichkeit von Gefühlen und vor allem für die Qualität und Unterschiedlichkeit der elterlichen Gefühle. Einige Kinder erzählten, dass sie sich bisher noch gar keine Gedanken gemacht hätten, welche Gefühle die Eltern und Geschwister ihnen gegenüber haben.

Viele äußerten Wünsche, beim nächsten Mal Erwachsener oder Kind zu sein. Es folgte eine Flut von Fragen, ob es einen Unterschied mache, wie die Familienmitglieder stehen und ob Vater und Mutter stets zusammenstünden. Das waren schon schwierigere Fragen, denn bei einigen Kindern waren die Eltern geschieden, lebten allein oder mit neuen Partnern, bei einigen war der Vater in einem Krieg umgekommen, und sie lebten mit ihren Müttern allein.

Ich sagte ihnen, es gäbe keine Regeln, und in jedem von uns schlummere ein inneres Bild der Familie, das wir aufstellen könnten, ja, dieses Bild wandle sich ständig, und jedes Kind habe seinen guten Platz, den wir finden könnten, wenn einmal aufgestellt ist.

Was die verstorbenen oder getrennt lebenden Verwandten angehe, so würde ihr Herz diktieren, wo sie stünden, weit entfernt oder nah. Ich hatte in dieser Klasse über 50 % ausländische Kinder, Serben, Kroaten, aber auch Türken und ein afghanisches Mädchen.

Fast alle hatten ein Familienmitglied verloren, ihr Interesse galt spontan den Verstorbenen.

Natürlich ließen die Kinder nicht locker, und so vereinbarte ich mit ihnen, die Deutschstunde am Freitag für das Familien-Stellen zu verwenden, solange es ihnen wichtig war. Wir stellten Familien auf und sprachen über viele in diesem Zusammenhang auftauchende Fragen.

Manche Kinder hatten ein verstorbenes Geschwister, sie brachten Bilder mit und wir gedachten gemeinsam beim Stellen dieses verstorbenen Kindes. Dabei entwickelten die Kinder wie von selbst Rituale und Sätze, die sie zu den Verstorbenen sagten. Ein Mädchen kniete einmal vor dem Stellvertreter ihres verstorbenen Brüderchens nieder, das ich sich zwischen die Repräsentanten der Eltern hocken ließ. Sie sagte: „Lieber Fredi, wie schade, dass du gestorben bist. Ich vermisse dich so sehr. Ich möchte mit dir spielen." Dabei weinte sie, rutschte ohne meine Anweisung wie von selbst auf den Stellvertreter ihres Bruders zu und umarmte ihn. Schnell rutschte sie wieder zurück, sie war wohl von ihrer spontanen Handlung etwas verwirrt. Da fingen auch die beiden Stellvertreter der Eltern zu weinen an und wischten sich verstohlen die Tränen mit den Ärmeln ab.

Je mehr Familien wir gestellt hatten, desto genauer achteten die Kinder auf ihre Gefühle, und die Stellvertreter erkannten selbst, dass sie, ohne etwas über die Familie zu wissen, deren Gefühle fühlten, ja, dass sie bei traurigen Angelegenheiten wie dem toten Kind sogar weinen mussten, obwohl sie es nicht wollten.

Sie konnten sich das nicht erklären, und ich sagte ihnen, ich könne es auch nicht erklären, aber ich wisse, dass es immer so sei. „Wir haben ein Bewusstsein“, so sagte ich ihnen, „das zwischen den Menschen ist und sie verbindet, das Zwischenbewusstsein. Es ist immer da, wir nehmen viel von unseren Mitmenschen auf, aber wir können nicht darüber sprechen.“ Auch sagte ich ihnen, dass jede Familie ihr eigenes Feld habe und dass innerhalb dieses Familienfeldes jeder vom Gefühl des anderen wisse. Natürlich bewegte die Kinder, ob das nur für Familien gelten oder auch zwischen ihnen als Klassenkameraden funktionieren würde. Ich versprach ihnen, dazu zu experimentieren, was wir im Verlauf der folgenden Wochen auch taten.

2.3 Gefühle anderer Menschen fühlen – vom Zwischenbewusstsein

Es gab eine Menge Vorschläge von den Kindern, Beziehungen zwischen Geschwistern aufzustellen oder die Beziehung zu einem Elternteil. Manche hatten den Wunsch, es sollte sich etwas bessern, manche wollten bloß wissen, ob es „funktioniert“.

So ließ ich bei manchen Kindern nur Stellvertreter für sie und ihre Mutter oder ihren Vater aufstellen. Nähe und Entfernung sowie den Winkel zueinander sollten sie selbst sorgfältig bestimmen. Langsam entwickelte die Klasse ein Feingespür für die Konstellationen, und einige sagten schon mal: „Oh, so weit weg stehst du von deinem Vater?“, oder: „Du musst dich zu deinem Vater (Mutter) hindrehen, du darfst noch nicht so weit weggehen, du bist doch noch nicht erwachsen!“ Solche und ähnliche Sätze fielen durchaus ganz spontan.

Im Folgenden möchte ich einige Konstellationen beschreiben, so wie sie sich ereigneten.

Wolfgang

Einmal stellte Wolfgang sich und seinen Vater auf. Er wollte wissen, wie sein Vater, den er lange nicht gesehen hatte, jetzt zu ihm steht. Der Vater hatte die Familie bald nach Wolfgangs Geburt verlassen, und der Junge sah ihn nur selten. Zunächst standen die beiden weit auseinander. Wolfgangs Stellvertreter blickte in eine andere Richtung als der Stellvertreter des Vaters. Wolfgang selbst sagte: „Ich bin bei meiner Mutter, mein Vater war gemein."

Als die beiden Stellvertreter eine Weile ruhig so gestanden hatten, sagte der Stellvertreter des Vaters: „Ich will meinen Sohn sehen." Da drehte sich Wolfgangs Stellvertreter wie von selbst zum Vater und ging einige Schritte nach vorne. Er sagte: „Es zieht mich dahin", dabei zeigte er auf den Vater. Wieder ging er langsame Schritte, bis er vor dem Vater stand. Das Bild ist mir unvergesslich, denn der Stellvertreter für den Vater war ein Junge, der zwei Jahre älter, also schon 14 Jahre alt war, ein gutmütiger Junge und sehr beliebt in der Klasse. Plötzlich griff er mit den Armen nach vorne, holte sich den Jungen und drückte ihn an sich. Das ging alles ganz schnell und war auch rasch wieder vorbei. Wolfgang selbst saß in der Bank und war wie vom Donner gerührt, er war blass geworden.

Einige Tage später stand er an meinem Pult und sagte: „Dann liebt mich mein Vater ja doch. Warum hat er mich denn verlassen?"

Solche Fragen beantwortete ich nicht. Ich sagte ihm, dass es gut sei zu wissen, dass sein Vater ihn lieb habe. Wenn er größer sei, würde er es vielleicht von ihm erfahren.

Systemisch-phänomenologisch zu arbeiten bedeutet hier, auf die spontanen Gefühlsäußerungen der Stellvertreter zu achten, so wie sie sich zeigen, und die Dynamik sich von selbst entwickeln zu lassen. Hier z. B. erfuhr Wolfgang, dass sein Vater ihn liebt. Es hätte nichts genützt, wenn seine Mutter es ihm nur erzählt hätte, Wolfgang hätte es ihr nicht geglaubt. Und sie wollte es ja auch nicht erzählen, denn sie war seinem Vater noch böse.

Ich machte die Erfahrung, dass die Kinder ihre Gefühle als Stellvertreter, vor allem eben die körperlichen, viel präziser ausdrückten als die Erwachsenen und sehr erstaunt waren, wie rasch und stark vorher unbekannte Gefühle sich in ihnen ausbreiteten.

Hildegard

Hildegard lebte mit ihrer Mutter allein. Sie wollte zunächst nur sich und ihre Mutter aufstellen. Sie sagte: „Ich will euch nur zeigen, wie ich lebe." Die beiden Stellvertreterinnen standen sehr nah beieinander, sodass die Stellvertreterin von Hildegard sagte: „Das ist mir zu eng, lass mich ein bisschen weiter weg."

Da rief ein Junge: „Sie kann sich doch auch zu ihrem Vater stellen, wenn es ihr bei der Mutter zu eng ist." Davon wollte Hildegard nichts wissen. Sie kam hinterher zu mir und sagte mir: „Meine Mama will nicht, dass ich mit dem Papa Kontakt habe, dann tu ich es auch nicht."

Der Vater wohnte nahe bei München. Ich gab ihr Recht und sagte ihr, es werde sicher alles zur rechten Zeit in Ordnung kommen.

Zwei Wochen später kam ihre Mutter in die Sprechstunde. Ich erzählte ihr, wie wir mit dem Thema Familie umgingen. Hildegard hatte bereits zu Hause davon erzählt, was ihre Stellvertreterin gesagt hatte. Die Mutter beteuerte, wie sehr sie auf Hildegard aufpassen müsse und dass sie mit ihren zwölf Jahren doch in einer Großstadt wie München in großer Gefahr sei. Als ich das Gespräch auf den Vater brachte, merkte ich, wie zornig die Mutter noch auf diesen Mann war. Ich sagte: „Für ein Kind ist es halt am schönsten, wenn es Mutter und Vater lieb haben darf, was immer zwischen den Erwachsenen passiert ist, sie kann ja nichts dafür." Da schaute mich Hildegards Mutter sehr nachdenklich an, schüttelte ihren Kopf und meinte: „Na, na, des war des Schlimmste, was sie mir antun könnt, mit'm Vater scheedoa (schöntun, liebäugeln)." Damit schien das Thema vom Tisch. Ich sagte ihr, wie sehr ich ihre Leistung achte, ein Kind allein aufzuziehen, und dass ich meine beiden Söhne auch einige Jahre allein erzogen hätte. Damit schieden wir friedlich voneinander.

Kaum sechs Wochen später kam diese Mutter wieder in die Sprechstunde. Hildegard hatte zu Hause keine Ruhe gegeben und wollte ihren Vater sehen. Die Mutter bat mich, es einfach noch mal mit ihr zu besprechen, obwohl sie innerlich spürbar bereit war, das Treffen zu ermöglichen. Ich riet ihr, Hildegard bei diesem ersten Treffen zu unterstützen. Sie aber wollte den Mann nicht mehr in ihre Wohnung lassen. „Dann begleiten Sie das Kind halt in seine Wohnung", meinte ich. Das war das Schwerste für Hildegards Mutter. Doch sie hatte erkannt, dass sie Hildegard damit entlasten würde.

Das Mädchen blühte sichtbar auf. Sie hatte ihren Vater seit fünf Jahren nicht mehr gesehen und sogar noch ein zweijähriges Halbschwesterchen vorgefunden, von dem sie nichts gewusst hatte. Am letzten Elternabend bedankte sich Hildegards Mutter bei mir. Sie sagte: „Es war das Schwerste für mich, mein Kind dorthin zu lassen. Aber sie wird so sicher, sie blüht so auf, und ich habe bei weitem weniger Sorgen als früher um sie, fast als ob sie zwischen mir und ihrem Vater aufgehoben wäre. Wir haben sogar einmal mit Hildegard zusammen einen Ausflug gemacht."

Ich musste für mich schmunzeln. Ich wusste das schon, denn ich hatte Hildegard dazu angestiftet und ihr gesagt: „Kinder werden stark davon, wenn sie einmal einen Ausflug oder eine Unternehmung mit Vater und Mutter machen." Nach dem Ausflug hatte sie mir ihre kräftigen Beinmuskeln gezeigt.

Als die Kinder durch die kleinen Arbeiten des Familien-Stellens sich der wohltuenden Grundordnung langsam bewusst wurden, war es mir wichtig, ihnen immer wieder zu versichern, dass auch Änderungen ihre Zeit brauchen und der Einklang mit der Mutter oder den Eltern wichtig ist. Gleichzeitig setzten die Kinder unbewusst in den Familien aber doch ordnende Kräfte frei, die Veränderungen in den Beziehungen hervorriefen.

2.4 Die gute Haltung/der gute Platz vor den Eltern – die Verneigung, der Dank

Nicht bei allen Kindern wirkte das Stellen der Eltern so dramatisch. Oft genügte es, wenn ein Kind Stellvertreter für sich, den Vater/die Mutter, eventuell noch die Geschwister aufgestellt hatte. Wir ließen die beiden oder die drei dann eine Weile so stehen. Es war so erstaunlich, wir alle spürten genau den Zeitpunkt, an dem sich das Feld dieser Beziehungen in den Stellvertretern realisiert hatte. Es wurde einfach noch ein bisschen stiller.

Die Kinder selbst brachten diese Tatsache zur Sprache, und sie wunderten sich über sich, weil sie dann jedes Mal so betroffen waren.

Immer wieder sprachen sie auch über ihre Stellvertretung in Vater- bzw. Mutterrollen. Sie hatten sich so groß, so fürsorglich, sehr viel ernster gefühlt.

Ich erklärte ihnen, die gute Haltung der Kinder vor ihren Eltern sei die Achtung und die Dankbarkeit dafür, dass man auf der Welt sei. Auch sprach ich mit ihnen darüber, wie Kinder, denen diese Haltung gelingt, alle guten Gaben von den Eltern bekommen und sehr stark werden im Leben, auch wenn sie nicht alles bekommen, was sie sich sonst noch wünschen. Wir suchten nach körperlichen Haltungen oder Bewegungen, die das ausdrücken. Die Kinder kamen von selbst darauf, sich vor den Eltern zu verneigen. Nun folgten viele Darstellungen, bei denen sich ein Kind nur vor seiner Mutter oder vor seinem Vater verneigte. Es war so rührend zu erleben, wie die Kinder beim Wählen der Stellvertreter riefen und sich bewarben: „Ich will deine Mutter sein. Ich will dein Vater sein. Ich möchte dich spielen!"

Dann standen sie voreinander, und ein Kind verneigte sich tief vor einem anderen. Sie liebten das. Manchmal sagte ein Stellvertreter: „'s glangt scho!" (es genügt schon) oder „Es kannt ruhig no länger dauern". Wenn das Kind, das die Stellvertreter für sich aufgestellt hatte, sich selbst vor den Stellvertreter seines Vaters oder die Stellvertreterin seiner Mutter aufstellen wollte, so war das natürlich auch möglich.

Einmal sagte ein Schüler, er habe sehr mit seinem Vater gestritten, niemals würde er sich mehr vor ihm verneigen, sein Vater hätte ihn geschlagen.

Dann stellte er aber doch auf. Er wollte beweisen, dass auch sein Stellvertreter sich niemals verneigen würde. Der Stellvertreter verneigte sich aber doch. Das machte den Jungen nachdenklich. Wir sprachen darüber, wie beim Stellen ein inneres, verborgenes Wissen auftaucht und wir da ein Zusammengehörigkeitsgefühl haben, über das wir im Alltag gar nicht nachdenken. Da nannten die Kinder viele Beispiele, als sie einmal böse auf die Eltern waren und durch verschiedene Ereignisse (Krankheit, Hilfsbedürftigkeit der Eltern) selbst merkten, dass sie ihnen immer helfen und zu ihnen halten würden. Am nächsten Tag erzählte der Junge, er habe zu seinem Vater gesagt: „Es hat mir weh getan, dass du mich geschlagen hast." Da habe der Vater gemeint, es tue ihm leid, und er sei ja doch sein Bub. Die Augen des Jungen strahlten. Er war bei der Wahrheit geblieben und hatte doch den ersten Schritt getan, um die Situation zu verändern.

Hierzu möchte ich ergänzen, dass ich mehrfach mit den Kindern darüber gesprochen habe, was sie tun können, wenn Eltern ungerecht waren.

Einmal hatte ich an die Seitentafel geschrieben: Wenn dir jemand etwas antut, wehr dich!

Was aber tun Kinder als die Schwächeren? In der Auseinandersetzung mit anderen Kindern fielen uns viele Möglichkeiten ein. Bedeutend schwieriger war das mit den Eltern. Wie konnte ein Kind sich da wehren? In dem oben beschriebenen Fall hatte es der Junge sehr geradlinig gemacht, indem er den Vater direkt ansprach. Da er noch unter dem Eindruck des kleinen Vorerlebnisses stand, nahm er an, er liebe seinen Vater doch, und der Vater liebe ihn auch. Das war genau die richtige Stimmung, die Sache noch einmal vorzubringen.

Zunehmend bekamen die Kinder eine Ahnung davon, dass alle Eltern gut und böse sind, es jedoch oft nicht wahrhaben wollen. Sie wollen nur gut sein, und über das andere darf meist nicht gesprochen werden. Auf diese Erkenntnis stießen sie, als ich mich einmal bei einem Jungen entschuldigte, weil ich ungerecht zu ihm war. Doch gab es auch Kinder, deren Eltern durchaus bereit waren, Ungerechtigkeiten einzugestehen.

2.5 Symbolische Haltungen, Gesten, Rituale und kurze Sätze sind wirksam

Bald kam der Tag, an dem die Kinder genauer darüber nachdachten, warum wir das alles taten. „Ist es jetzt ein Spiel, oder wirkt es auch?“, fragten sie. Ich hatte schon auf diese Frage gewartet und fragte zurück, ob sie denn Wirkungen bemerkt hätten. Ja, das hatten sie.

Einige berichteten, sie hätten zu Hause über das Familienspiel erzählt. Natürlich hatten dann die Mütter gefragt, ob sie sich auch verneigen würden und wofür das Verneigen denn gut sei. Ein anderer erzählte, es ginge ihm jetzt viel besser mit den Eltern. Er habe zu Hause auch mal das Verneigen ausprobiert. Er habe sich vor seinem Vater verneigt, wie der beim Fernsehen auf der Couch lag. Der Vater habe unverständig aufgeschaut und gefragt, was er da mache. Da habe er gesagt: „Ich verneige mich vor dir, weil du mein Vater bist und ich dein Kind. Und meine Lehrerin hat gesagt, dass ich das ruhig mal tun soll.“ Da habe der Vater erst gelacht und ihn freundlich mit dem Fuß gestupst. Dann sei er extra aufgestanden und habe ihn in den Arm genommen.

Zum ersten Mal sprachen wir über Symbole und symbolische Handlungen. Das war natürlich ein weites Feld. Sie kannten schon

Wappen, einer hatte ein Familienwappen. Wir sprachen über Fahnen und über Zahlensymbolik. Und ich las mit ihnen Heinrich Heines *Belsazar*. Das beeindruckte sie tief, obwohl sie mit zwölf Jahren ja noch etwas jung waren für diese Lektüre. Aber was ein Kelch, ein sakrales Gefäß ist, und was eine Gotteslästerung ist, das wussten sie schon. Sie kannten viele symbolische Handlungen. Die muslimischen Buben sprachen über die Hand-, Arm- und Fußwaschungen und wussten zum Teil über die unterschiedlichen Bedeutungen der Reinigung Bescheid. Natürlich kamen wir auch auf den Segen zu sprechen, das wiederum wussten die katholischen Kinder von ihrem Pfarrer mit dem Weihwasserwedel, einige Mütter machten vor dem Zur-Schule-Gehen noch ein Kreuz auf die Stirn ihres Kindes. Die Kinder waren sich sicher, dass die symbolischen Handlungen, die in ihrem engeren Erlebnisfeld praktiziert wurden, auch wirkten.

So also waren sie selbst darauf gekommen, dass eine Verneigung eines Stellvertreters in der Klasse vor einem Elternstellvertreter eine symbolische Handlung ist, die durchaus auch zu Hause wirkt. Einige behaupteten sogar, dass es bei den Stellvertretern selbst wirke. Darüber war ich mir auch sicher.

In einer Klasse brachte ein Kind ein altmodisches Bild mit, auf dem ein Vater seinen Sohn segnete. Der Sohn hatte sich niedergekniet und hielt seinen Hut in der Hand.

Natürlich bewegte uns die Frage, was eine Verneigung vor den Eltern denn eigentlich bedeutet. Den Kindern war es inzwischen bewusst, dass sie die Eltern liebten. Dennoch gab es auch viel Schmerz und Enttäuschung zwischen ihnen. Das wollten sie durch die Verneigung nicht wegwischen.

Ich sagte: Es gibt drei gute Dinge:

1. Mit einer Verneigung seid ihr den Eltern für das Leben, das sie euch geschenkt haben, dankbar und für alle weiteren guten Gaben.
2. Ihr erkennt an, dass Vater und Mutter die Großen sind und ihr die Kleinen.
3. Ihr nehmt eure Eltern so, wie sie sind, und seid ihr Kind.

Ich hatte die drei Sätze an die Seitentafel geschrieben, und wir ließen sie mehrere Wochen lang dort stehen. Selten in meinem Lehrerinnendasein haben drei Sätze soviel ausgelöst wie diese. Es waren eindringliche, philosophische Gespräche, die wir immer wieder an der Seitentafel stehend führten. Vielen Kindern wurden Schmerzen und Trauer bewusst, die sie für ihre Eltern trugen. Sie erzählten, wie deprimiert Vater oder Mutter manchmal waren und was sie alles auf die Beine stellten, dass es wieder lustiger wurde im Wohnzimmer. Einige Kinder erkannten auch, dass sie bis jetzt eine andere Person als Vater oder Mutter innerlich oder äußerlich bevorzugten, das gab ihnen zu denken. Ein Mädchen ging täglich zu ihrer Großmutter und meinte: „Die ist viel mehr meine Mutter!" Manche Jungen lehnten ihre leiblichen Väter ab und meinten, sie hätten jetzt einen neuen, viel besseren Vater und wollten versuchen, den alten Vater zu vergessen.

Einmal sagte ein Junge: „Es ist eigentümlich, Frau Franke, an einem Tag finde ich diese Sätze an der Wandtafel richtig, und am nächsten Tag möchte ich sie am liebsten abwischen, aber ich weiß ja, dass Sie die Sätze wieder hinschreiben würden, weil sie stimmen."

2.6 Der Kontakt mit den Eltern – ein neuer Geist in der Klasse

Zwischen Mitte September (Beginn des Schuljahres) und Ende Oktober gibt es in den Klassen viel innere Bewegung. Die Klassenverbände haben stets Neuzugänge. Darauf und auf die neue Lehrkraft müssen sich die Kinder einstellen. In dieser Zeit prägt sich das Klima in der Klasse für das ganze Schuljahr. Wie bereits erwähnt kam mir für die Einführung in systemische Sichtweisen in diesen Klassen das bayerische Schulwesen sehr entgegen. Ich unterrichtete als Klassenleiterin die Kinder in mindestens 15, ja oft 18 Wochenstunden. Es entstand eine geschlossene Klassenatmosphäre, die sich für unsere Gespräche als sehr förderlich erwies.

In den ersten sechs Schulwochen wuchs zwischen uns ein Vertrauensverhältnis. Das zeigte sich auch durch den außergewöhnlich regen Besuch von Eltern in den wöchentlichen Sprechstunden sowie am ersten Elternabend. Oft sagte ich dem einen oder anderen Kind: „Ich möchte deine Eltern sehen." Wenn die Kinder das zu Hause erzählten, kamen meist die Mütter und fragten, ob etwas nicht in Ordnung sei. Manchmal schrieben sie auch einen Brief mit dieser Nachfrage. Dann beruhigte ich sie und meinte, ich hätte nur gesagt, ich möchte sie gerne sehen, damit ich ein Gefühl dafür bekomme, welche Mutter, welcher Vater hinter dem Kind steht. Das ermöglichte zwischen den Eltern und mir ein grundsätzlich neues Verhältnis. Langsam ahnten sie, dass sie in mir keine potenzielle Feindin hatten, die ihnen ihre eventuell „falsche" Lebensweise oder die mangelhafte Erziehung ihrer Kinder nachweisen wolle. Ich sagte ihnen wörtlich, sie seien die besten Eltern, ganz einfach, weil das Mädchen, der Junge ihr Kind sei. Sie spürten meine Achtung vor ihrer Familie, unabhängig von der Tragweite ihres Schicksals.

Das tat vor allem den serbischen und kroatischen Flüchtlingsfamilien gut und auch den ukrainischen und sibirischen Eltern. In den neunziger Jahren hatte ich stets bis zu 40 % Flüchtlingskinder in der Klasse, daneben Kinder von freiwillig ausgewanderten Eltern, türkische Kinder in der zweiten oder dritten Generation und das eine oder andere Kind aus der früheren DDR. Meist waren die Hälfte der Kinder muslimisch, ein Drittel christlich, der Rest ohne Bekenntnis. Es gab also verschiedenste sittliche und moralische Vorstellungen unter den Kindern und damit eine Menge Zündstoff im Zusammenleben.

Die Energie, die eine Familie bewegt, freiwillig oder unfreiwillig ihre Heimat zu verlassen, spiegelte sich häufig im Verhalten der Kinder wider. Viele von ihnen wollten nach wenigen Tagen bereits auf einen neuen Platz, mit einem anderen Kind zusammensitzen. Ich konnte mir diese Unruhe zunächst nicht erklären, zumal die Kinder bei jedem weiteren Wunsch nach Platzwechsel mir versicherten, jetzt wirklich auf dem neuen Platz neben diesem Kind zu bleiben. Erst nach einigen Wochen wurde mir klar, dass es die Bewegung der Flucht oder auch prinzipiell die Bewegung des Verlassens der Heimat ist, die die Kinder in ihrem Wunsch nach häufigem Platzwechsel in der Klasse ausdrückten. So als würden sie immer wieder nachvollziehen, was in ihrer Familie passiert war.

An meiner inneren Erleichterung bei diesen Gedanken spürte ich, dass ich des Rätsels Lösung gefunden hatte. Wenn sich jetzt wieder ein Kind umsetzen wollte, schaute ich aufmerksamer hin, achtete innerlich das Schicksal dieser Familie. Ihrem Wunsch, sich umzusetzen, gab ich zunehmend weniger nach. Ich spürte, dass die Kinder an einem Platz diese Unruhe durchstehen mussten, ihr nicht ausweichen durften. So motivierte ich sie, ein wenig darüber zu erzählen, wie es kam, dass die Familie weggehen musste. Ich fragte nach den Zurückgebliebenen, auch nach den zurückgebliebenen Freunden. Da waren sie am Anfang verlegen. Sie wollten nicht darüber sprechen, wollten es vergessen, was da war. Langsam tauten sie jedoch auf.

Jedes ausländische Kind grüßte abwechselnd am Morgen in seiner Sprache, und wir Deutsche sprachen es auf serbisch, kroatisch, afghanisch, ukrainisch, türkisch, russisch nach. Langsam steigerte ich die „Anforderung". Sie brachten Bilderbücher in ihrer Herkunftssprache mit, und wir hörten uns Kinderreime in verschiedenen Sprachen an. Manche Kinder erzählten, ihre Eltern wünschten das nicht, sie sollten lieber Deutsch lernen. Da sagte ich ihnen, Kindern, die ihre Muttersprache gut sprechen und Freude daran haben, denen würde das Deutsche zufliegen. Ich kümmerte mich auch sehr darum, dass alle ausländischen Kinder den muttersprachlichen Unterricht besuchten, das war mitunter ein Kampf mit Eltern und Behörden. Es dauerte eine Zeit, bis ich mich durchgesetzt hatte und die Eltern merkten, dass die Kinder mit der gut verankerten Muttersprache ein seelisches Sicherheitsnetz haben – sozusagen einen Grundstock von dem her sie die neue Sprache, die neue Kultur differenzierter auffassen können.

Ich erinnere mich an einen afrikanischen Jungen, der zusammen mit seinen Schwestern ohne Begleitung der Eltern im Flugzeug in München landete. Die Kinder lebten in einem gut geführten Münchner Heim. Der Junge weigerte sich, auch nur ein Wort in seiner Muttersprache zu sprechen. Er war von Anfang an beliebt, passte sich sozial an, lernte die deutsche Sprache bis zu einem gewissen Mindestwortschatz, um sich für den Alltag verständigen zu können. Dann aber stagnierte sein Sprachzuwachs und auch seine gesamte Entwicklung, er wurde zunehmend depressiv. Seine Schwestern redeten miteinander noch in ihrer Muttersprache, es ging ihnen gut, sie hatten Zugang zu ihren Gefühlen, und sie entwickelten sich erstaunlich. Der Junge lehnte es jedoch aus Gründen, die wir nie erfahren haben, ab, mit seinen Schwestern in seiner Muttersprache zu sprechen. Er war wie abgetrennt von seiner Herkunft. Im Laufe von drei Jahren verfiel er in eine sprachliche und emotionale Armut und konnte nur mit Mühe nach Abgang der Schule eine Lehrstelle finden. Inzwischen ist mir klar, dass das Sprechen der Muttersprache auch ein Teil der „Verneigung vor den Eltern" ist, ein Aufbewahren der ersten, tiefsten Gefühle.

Maria, Kind einer serbischen Familie, erzählte von ihrem Bruder, der aus der serbischen Armee, wo er vier Jahre gedient hatte, zurückkam nach München. Der junge Mann war in Deutschland aufgewachsen. Zunächst freute sich die ganze Familie über seine Rückkehr. Dann merkte ich, wie das Mädchen zunehmend stiller und blasser wurde. Ich bat ihre Mutter in die Sprechstunde. Sie erzählte mir, wie glücklich alle waren, dass der Sohn zurückgekommen war, und dass sein Vater für ihn auch bereits einen Ausbildungsplatz gefunden hatte. Der junge Mann jedoch konnte sich in Deutschland nicht mehr eingliedern. Er hatte begonnen zu trinken, verlor seinen Ausbildungsplatz, war beim Klauen erwischt worden und hatte sich dann der Justiz entzogen, indem er sich zurück in die serbische Armee meldete. Hier zahlte der Sohn einen hohen Preis, vielleicht sogar für die ganze Familie, die vor Jahren wegen materieller Vorteile aus ihrem Vaterland ausgewandert war.

Nach einigen Jahren systemischen Arbeitens in der Schule war mir bewusst, dass ich den Kindern mit meinen Stunden über Eltern und Familie eine gute Brücke zwischen Elternhaus und Schule errichtete. Dennoch erschien es mir immer wieder wie ein Balanceakt zwischen meinem tatsächlichen Lehr- und Erziehungsauftrag als Lehrerin, der notwendigen Diskretion den jeweiligen Elternhäusern gegenüber sowie der sichtbaren Not der Kinder, denen vor allem in der Arbeit mit dem „Familienspiel" Hilfe und Entlastung geboten wurde. Sie erzählten, wie viel mehr Freude sie in ihren Familien hatten und auf welche Weise die Beziehungen sich wandelten.

2.7 Ein neues Bewusstsein breitet sich aus – die Elternabende

Ein neues Bewusstsein dämmerte in den Kindern auf, gepaart mit einer Aufmerksamkeit für die Ordnung in der Familie. Die anfängliche Aufregung wich einer zunehmend selbstverständlichen, achtungsvollen Haltung der Kinder vor dem Schicksal der anderen Kinder – und es gelang eine Enttabuisierung schwieriger Familienkonstellationen. Die Kinder begannen von selbst über Scheidung oder gar Tod der Eltern zu sprechen, sie waren aufmerksam für tragische Unglücke oder Verluste in der eigenen Familie, aber auch bei Kameraden. So manches „Stigma", vor allem bei Kindern mit geschiedenen Eltern oder Müttern mit wechselnden Partnern, löste sich.

Wiederholt sprachen wir über verschiedenste Bereiche, auf die unser Familienspiel Auswirkungen hatte. Viele Kinder hatten bei sich und ihren Klassenkameradinnen und Klassenkameraden sichtbare Leistungssteigerungen erlebt. Darüber hinaus legte sich über die kleine Gemeinschaft ein Hauch von Liebe, dieses zarte Netz, das sich während des Familien-Stellens immer wieder knüpft. In diesen Klassen konnte ich selbst erleben, wie sich diese Arbeit über das ganze Schuljahr, ja über mehrere Jahre hinweg bei den Kindern auswirkte.

Spätestens Ende Oktober, also sechs Wochen nach Schuljahrsbeginn fühlten wir den Stimmungsumschwung. Die Kinder konnten von der „anderen Wirklichkeit", wie sie es nannten, nicht mehr absehen, sie war immer da. Zu oft hatten sie füreinander in Rollen gefühlt, sich verneigt, geweint, sich in den Arm genommen. Natürlich gab es noch Streit, Raufereien und Hänseleien. Aber es gab auch Mitgefühl, es gab einen ernsten, verbindlichen Klassengeist, der anders war, als ich es sonst erlebt hatte in durchaus kameradschaftlichen Klassen.

Nun sah ich des Öfteren auf dem Pausenhof oder im Flur, wie sich zwei Kinder schnell mal umarmten. Ich war sehr erstaunt, besonders bei den Zehn- bis Zwölfjährigen ist das nicht üblich. Es dauerte eine Weile, bis ich erkannt hatte, wie die flüchtigen Umarmungen bei den Aufstellungen sie zutiefst erschütterten – auch wenn sie diesen Impuls nur ganz kurz zugelassen hatten. Einmal sprachen wir darüber, da meinte ein Junge: „Es ist komisch bei Ihnen, Frau Franke, Sie machen mit uns Sachen, die wir sonst nicht tun würden. Manchmal ist es direkt ein bisschen peinlich – aber dann ist es auch wieder toll –, ich weiß nicht, wie ich sagen soll."

Meinen größten Bedenken, dass Eltern diese Arbeit als Eingriff in ihre Intimsphäre empfinden könnten, begegnete ich regelmäßig im Dezember mit einem Elternabend. Die Kinder deckten für die Eltern Tische mit Kerzen, und es gab Plätzchen. Außerdem hatten wir Weihnachtslieder und Gedichte vorbereitet. Das Hauptanliegen der Kinder war jedoch, den Eltern etwas vom Familienspiel zu zeigen. In einigen Klassen schrieben sie sogar die drei bereits erwähnten wichtigen Sätze über die Verneigung an die Wandtafel, damit die Eltern sie lesen konnten. Alle fanden, Weihnachten passe dazu, vor allem die muslimischen Kinder fanden unsere Feier besser als ein Krippenspiel. „Hier können wir an Weihnachten mitmachen, weil es um uns geht", sagte ein türkischer Junge einmal.

Jedes Kind hatte ein Bild mitgebracht, auf dem sie oder er mit Eltern und Geschwistern abgebildet war. Kinder, die bereits einen Elternteil verloren hatten, einmal waren es sogar beide Eltern, hatten selbst ein Bild des verstorbenen Vaters oder der Mutter dazugemalt. Falls der Vater oder die Mutter wieder geheiratet hatten, klebten sie daneben das Bild des neuen Partners. Das taten sie gerne. Diese Bilderleiste hing an einer Seitenwand. Für die bereits verstorbenen Väter, Mütter, Onkel oder Geschwister hatten wir eine Bankreihe an die Wand geschoben und für alle Verstorbenen und Gefallenen Kerzen aufgestellt und angezündet. Jeweils der Banknachbar eines betroffenen Kindes sagte dann zum Beispiel: „Die Mutter von Hubert gehört zu uns" oder: „Der kleine Bruder von Eva gehört zu uns". Das ging so weiter, bis alle verstorbenen Anverwandten der jeweils betroffenen Kinder genannt waren. Das rührte die Eltern sehr, aber auch wir waren gerührt. Alle merkten, wie wichtig das für die betroffenen Kinder war; wenn die nahen Verstorbenen dazugehörten, dann konnten die Kinder ebenso dazugehören. In diesen Klassen sagte kein Kind mehr, es habe keinen Vater. Ich riet ihnen zu sagen: „Mein Vater ist verstorben". Ich fügte stets hinzu: „Ihr habt ihn immer, er ist in euch, auch wenn er verstorben ist." Nach einiger Zeit war den Kindern selbst der genaue Sprachgebrauch wichtig geworden.

Noch nie hatte ich erlebt, dass so viele Väter mit beim Elternabend anwesend waren. Als sich das auch in weiteren Klassen einstellte, wurde ich sicher, dass das bereits die unbewusste Folge unseres Familienspiels war.

Nach dem Singen und den Gedichtvorträgen verneigten sich alle Kinder tief vor den Eltern, und es war mehr als eine Höflichkeit.

2.8 Das Einbeziehen der Toten

Es ist in Bayern in 5./6. Klassen durchaus üblich, dass wir vor oder nach dem ersten November über den Gang zu den Gräbern sprechen, und wir fragen die muslimischen Kinder, wie sie mit den Gräbern umgehen. Wir sprechen darüber, dass man für die Toten betet, die Gräber schmückt, der Toten gedenkt.

Bis dahin hatte ich mit den Kindern meist schon darüber geredet, wie sehr verbunden wir mit den Toten sind und welche Kraft sie uns spenden, wenn wir sie darum bitten. Vor allem sprachen wir über die viel zu früh Verstorbenen, deren Verlust nur schwer zu betrauern ist. Manche Kindern hatten tot geborene oder verstorbene Geschwister, aber auch, wie bereits beschrieben, verstorbene Väter oder Onkel. Darüber hinaus gab es eine Reihe von Eltern, die ihre Eltern als Kind verloren hatten. In einigen Fällen habe ich den Kindern geraten, Bilder der Verstorbenen, von Großvater oder Großmutter, für ein paar Wochen aufzuhängen, dann könnten sie ihre Kraft entfalten, und man würde damit die Trauer um sie beenden. Das leuchtete den Kindern ein.

An einem frühen Novembertag also, nach Allerheiligen, wollte ich dieses Gespräch wie immer mit einer 5. Klasse nochmals führen und schrieb an die Tafel:

Vom Sterben und vom Tod

Erst sagte ich nichts zu den Kindern und wartete auf mündliche Beiträge. Ich war sehr verwundert, als ein Kind nach dem anderen wortlos anfing, nach dem Füller zu greifen, das Entwurfsheft für die Aufsätze herauszuziehen und zu schreiben. Sie schrieben eifrig und zu meinem Erstaunen fast fehlerfrei, das Thema hatte gezündet.

Ich war beeindruckt von den Aufsätzen, deshalb gebe ich sie hier wieder.

Melisa

Melisa war sehr mütterlich, ältestes Kind von vier Geschwistern und übernahm zu Hause viel Fürsorge, während die Mutter arbeitete. Sie hatte als Einzige in ihrer Klasse nie die Familie aufgestellt, wurde jedoch die am häufigsten gewählte Stellvertreterin für eine Mutter. Im Laufe des Jahres ging sie mit dieser Rolle in der Klasse sehr spielerisch um, bis es ihr gelang, diese Rolle zu überwinden. Sie war am Schuljahresende ein richtiger Backfisch geworden. Sie verliebte sich sogar in einen Jungen aus der Klasse, und sie wurden wegen ihrer Beziehung keineswegs gehänselt. Melisa saß neben Anton, der soviel mütterlichen Beistand brauchte und unter ihrer Fürsorge erstarkte.

Vom Sterben und vom Tod

Ich bin geboren worden wie alle anderen Menschen auf der Welt, aber nach vielen, vielen Jahren muß ich leider sterben.
Bevor ich sterbe, wünsche ich mir meine ganze Familie und meine Freunde noch einmal, ein letztes Mal sehen zu können.
Erst dann kann ich sterben. Ich möchte meiner Familie nicht weh tun.

26.11.96.

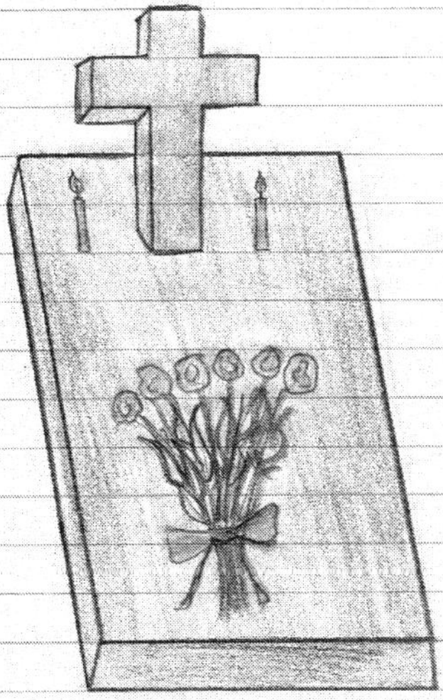

Hubert

Hubert hatte seine Mutter, eine Frau aus Borneo, erst vor einem Jahr nach dreijähriger Krebserkrankung verloren. Der Vater, ein waschechter Bayer, der seine Frau im Zuge seiner biologischen Studien in Indonesien kennen gelernt hatte, machte sich Sorgen um Hubert, weil dieser kränkelte und seine Leistungen nicht seinen Anlagen entsprachen. An den intelligenten Fragen des Jungen hatte ich das auch schon gemerkt. Hubert war sehr begeistert vom Familienspiel und stellte bald sich und seine Mutter auf. Er wollte, dass das Mädchen seiner Wahl sich dabei auf eine Decke auf den Boden legte. Dann machte er außen herum einen weißen Kreidestrich und stellte eine Blumenvase neben das liegende Mädchen. Ohne einen Stellvertreter zu wählen, ging er selbst an dieses angedeutete Grab und verneigte sich. Er war sehr ernst. Dann kniete er sich hin und sagte: „Mama, ich denke immer an dich."

Er war der Erste, dem ich vorschlug zu sagen: „Bitte gib mir deine Kraft, damit ich gut leben kann." Er stand auf und sprach es im Stehen.

Das Mädchen aber sagte unaufgefordert: „Ja, leb, mir geht's gut."

Die ganze Klasse atmete auf. Ich sagte ihm noch: „Deine Mutter wird sich freuen, dass sich ihre Mühe, dich aufzuziehen, gelohnt hat." Da lachte er.

Hubert entwickelte sich in der Folgezeit zu einem aufgeweckten, wilden Buben. Seine Leistungen in Mathematik, Englisch und Biologie wurden sehr gut. Die ganze Klasse bemerkte das, und sie sagten: „Du hast die guten Gaben deiner Mutter genommen." Das hatten sie aus meinen häufigen Reden übernommen, wenn ich sagte: „Nehmt die guten Gaben eurer Eltern." – „Das stimmt schon", sagte er, „nur Biologie kann ich von meinem Vater."

Vom Sterben und vom Tod

Ich stelle mir vor, dass ich in einer goldenen Rolltreppe hochfahre, und dass ich da oben im Himmel meine Mutter wieder sehe. Dann sehe ich vielleicht den lieben Gott wieder, und dass ich runter schauen kann und wie die Welt sich verändert. Ich möchte mit meiner Familie berühmt werden.

Ingo

Nachdem Hubert aufgestellt hatte, drängte sich Ingo morgens an mein Pult und bat mich inständig, auch aufstellen zu dürfen. Ich wusste von ihm, dass beide Eltern durch Drogenkonsum gestorben waren. Der Junge war in der Familie seines Onkels, Vaters Bruder, liebevoll aufgenommen worden. Er lebte dort noch mit der sechs Jahre älteren Tochter des Paares, seiner Cousine.

Ganz wie es in dem kleinen Aufsatz zum Ausdruck kommt, war es für Ingo ein Konflikt, nicht zu wissen, ob seine verstorbenen Eltern zufrieden sind, wenn er seine Pflegeeltern liebt. In ihm gab es einen Drang, dass irgendetwas passieren müsse – wie er sich ausdrückte –, wodurch er zeigen könne, wie viel mehr er die Eltern liebt.

Aus den vielen Fällen in der Psychotherapie wusste ich bereits über die mögliche Gefährdung von Menschen, die ihre Eltern sehr früh verloren hatten. Sie neigen mitunter zum Reich der Toten, vielleicht um den Eltern nahe zu sein. Die Seele erkennt den Unterschied zwischen Leben und Tod nicht an. Sehr oft geraten diese Menschen in Depressionen und haben weniger Lebenskraft.

Ingo machte uns allen ein wenig Angst. Die Kinder erzählten mir, dass er oft mitten im Spiel keine Lust mehr hatte, weglief und irgendwo sitzen blieb, bis jemand ihn aus seiner Starre riss. Dann war er für unbestimmbare Zeit wieder ansprechbar.

Plötzlich sah ich diese Not in den Augen des Kindes und stimmte zu. Wir vereinbarten die letzte Schulstunde des Vormittags für sein Familien-Stellen, damit er sich innerlich noch fassen konnte.

Ingo wählte nicht nur seine verstorbenen Eltern, sondern auch seine Pflegeeltern und die Tochter der beiden. Er wollte sich, nachdem er alle Stellvertreter aufgestellt hatte, gleich selbst hineinstellen.

Erst sah er, neben seinem Onkel stehend, auf beide Eltern. Es war so deutlich, dass alle Lebenden nur in eine Richtung auf die Toten blickten. Die Stellvertreter von Ingos Eltern übten eine große Anziehung auf alle anderen Beteiligten aus.

Dann löste sich Ingo von der Gruppe und wollte zunächst alleine zu den Eltern gehen, ging jedoch zurück, nahm den Stellvertreter seines Onkels an die Hand und ging mit ihm zum „Grab". Er hatte, wie Hubert, eine Blumenvase neben die diesmal stehenden Eltern hingestellt. Ich gab ihm keine Anweisungen. Er verneigte sich vor ihnen und sagte: „Ich trauere um euch, es ist so schwer." Dabei musste er weinen. Der Junge, der den Onkel spielte, nahm ihn um die Schulter. Dann zog es ihn wie von selbst auf seine Knie. Ich schlug ihm vor, er solle um den Segen der Eltern bitten. Das tat er auch. Die beiden Stellvertreter der Eltern legten ihm ohne meine Anweisung ihre Hände auf seinen Kopf. (Über das Symbol der Handauflegung hatten wir damals bereits gesprochen.) Dann führte ich ihn mit dem Onkel an seinen Platz bei der Tante und seiner Cousine. Die vier Lebenden drehten sich. Jetzt standen Ingos Eltern schräg hinter ihm. Er sagte zu Tante und Onkel: „Ich bin euch dankbar, dass ich bei euch leben darf." Das hatte dem Jungen zunächst sehr gut getan. Den Konflikt schien er jedoch nicht gelöst zu haben, wie man aus dem Aufsatz sehen kann.

„Bei Ihnen sind die Toten aber wichtig", sagte Ingo, als er den Aufsatz abgab. Ich sagte: „Ja." Da ging ein Leuchten über sein Gesichtchen. „Als ich mich damals vor meinen Eltern verbeugte, da habe ich sie hier innen gespürt", meinte er und klopfte sich an seine Brust.

Vom Sterben und vom Tod

Ich wünsche, daß ich meine Mutter und meinen Vater wieder sehen werde, weil sie schon gestorben sind. Ich könnte ihnen sagen, daß ich sie lieb habe. Manchmal sehe ich meine Eltern im Traum wieder. Dann würde ich meine Mutter und meinen Vater umarmen. Ich wünsche, daß ich im Bett liege und nicht mehr aufwache. Ich würde nach dem Tod gerne ein Mensch wieder werden dann würde ich meine Adoptiveltern besuchen und ihnen sagen: Ich habe euch ganz, ganz lieb, und danke euch.

Dat: 26.11.96

Ivan

Ivan ist Kosovo-Albaner und lebte mit seiner Mutter und deren zweitem Mann, einem älteren Mann, der im Sterben lag. Ivans Vater war im Kampf gefallen. Der Junge brachte ausgezeichnete Leistungen, vor allem im Deutschen drückte er sich nach kurzer Zeit mit einem beachtlichen Wortschatz aus. Er konnte aber nicht dazu bewegt werden, ins Gymnasium zu gehen, er fühlte sich nach der Flucht einer weiteren sozialen Veränderung nicht gewachsen.

Es dauerte lange Zeit, bis er über den Tod seines Vaters erzählte und über seine Angst, sein Stiefvater würde auch sterben. Ich wusste das bereits von seiner Mutter aus der Sprechstunde. Von daher konnte ich seinen Aufsatz verstehen. Mit einer Aufstellung wartete Ivan bis nach Ostern. Andere Kinder kamen zu mir und teilten mir mit, Ivan habe gesagt, er wolle aufstellen. Nun fragte ich Ivan und merkte, dass es ihm noch schwer fiel.

Kurz vor Pfingsten getraute er sich. Er brachte ein Bild seines Vaters mit und legte es auf den Boden. Dann verneigte er sich vor dem Bild. Sonst tat er nichts. Die Klassenkameraden, die sonst auch mal vorlaut riefen: „Knie dich doch hin!" oder „Sag ihm, dass du es gut machst zu seinen Ehren!" oder ähnliche Sätze, die sie inzwischen entwickelt hatten – die Klassenkameraden blieben still. Dann nahm Ivan das Bild an sich, drückte es ans Herz, ging zur Bank und steckte es weg. Wir waren noch eine Weile still.

Ich hatte Hubert wärmstens empfohlen, sich nachträglich um die Aufnahme ins Gymnasium zu bemühen. Mit ihm freundete sich Ivan jetzt an. Wie ich später hörte, gingen die beiden im nächsten Schuljahr zusammen aufs Gymnasium.

26.11.96. Vom Sterben und vom Tod

Ich wünsche mir wenn ich tot bin daß ich hinterher noch lebe. Aber ich weiß nicht was ich glauben soll. Jemand spricht, daß wenn man tot ist, man nicht mehr lebt, andere sagen, daß man noch lebt. Ich möchte, wenn ich tot bin, daß ich nochmal lebe und ein Mensch bin, daß ich sehr reich und glücklich bin

Yasin

Yasin stellte kurz vor Allerheiligen im Rahmen eines Freitaggesprächs seine Familie auf, und das kam so:

„Ich bin der Liebling von meiner Mutter", sagte der kleine Bosnier im Brustton der Überzeugung. Die Klasse saß im Kreis, 24 elf bis zwölfjährige Schülerinnen und Schüler.

Das Thema hieß: Erika bekommt ein Geschwisterchen. Wir sprachen darüber, welchen Platz Kinder in ihrer Familie haben und wie unterschiedlich sich das für die einzelnen Kinder anfühlen kann. „Ich zeige es euch", sagte Yasin und rasch suchte er sich Personen für Vater, Mutter, sich und seinen Bruder aus. Die Kinder hatten schon öfter Familie gespielt und kannten sich aus.

Als alle vier standen, starrte die Stellvertreterin für die Mutter den Stellvertreter für Yasin unverwandt an. Ich fragte sie, ob sie ihren Mann und ihren anderen Sohn auch sehen könne. Sie kicherte erst ein bisschen und verneinte es. Ihr Blick war sichtbar geweitet, so als sähe sie durch Yasin hindurch. Wen sieht sie nur?, dachte ich und fragte Yasin, ob seine Mutter jemanden verloren habe.

Da röteten sich Yasins Augen, doch er blieb tapfer und weinte nicht. Er erzählte: „Mein Onkel, der Bruder meiner Mutter, brachte in einem Geschirr Nahrung zu Gefangenen. Das Lager war hinter dem Feld. Auf diesem freien Feld haben sie ihn erschossen. Er war 19 Jahre alt."

Da stellte ich einen Jungen aus der Klasse neben die Mutter und wechselte den Stellvertreter für Yasin aus. Als Yasin selbst auf seinem Platz vor Mutter und Onkel stand, begann er doch zu weinen. Verstohlen wischte er sich die Tränen ab.

Ich schlug ihm vor: „Sag deinem Onkel, er soll dich beschützen." Ich dachte mir, wenn der so schutzlos übers Feld gegangen ist und dort sterben musste, so ist das angemessen. „Lieber Onkel, beschütze mich!", sagte Yasin. Der Junge, der für den Onkel stand, legte ganz spontan, ohne Aufforderung, seine Hand auf Yasins Kopf und sagte: „Ich beschütze dich."

Jetzt bat ich Yasin, sich vor seine Mutter zu stellen und ihr zu sagen: „Liebe Mutter, ich bin nur dein Kind." Er sagte es auf serbokroatisch. Das Mädchen, das seine Mutter darstellte, nahm den Jungen ganz spontan in ihre Arme. Sie war selbst Jugoslawin und konnte Yasins Worte verstehen. Gleich ließ sie ihn wieder los. Ihr Impuls, den Jungen an sich zu ziehen, war stark gewesen. Beide waren ein wenig verschämt. Später beobachtete ich die beiden manchmal. Sie waren sehr herzlich miteinander seitdem, obwohl die Stellvertreterin für die Mutter ein sehr groß gewachsenes Mädchen war und Yasin eher klein für sein Alter. Es blieb ihnen eine Verbundenheit im Alltag.

In den nachfolgenden Wochen und Monaten wurde der sonst so forsche und sichere Bub jedoch unsicher, ängstlich und versagte schulisch. Etwas war ins Rutschen gekommen. Ich begleitete ihn in diesem Prozess, sprach ihm Mut zu. Er war sechs Jahre alt gewesen, als er zusammen mit seiner Mutter am Küchenfenster Zeuge dieses Mordes geworden war. Langsam konnte er sich mit seiner neuen, kleinen Rolle abfinden. Im Laufe der nächsten Monate wurde er wieder lustig, aber anders – wie ein Elfjähriger eben.

Yasins Mutter hatte seit diesem Ereignis, das sie mit ihrem Sohn zusammen erlebt hatte, in Yasin nur noch ihren Bruder erkannt. Unbewusst versucht ein Kind dann, einen vermissten Menschen zu ersetzen. Der kleine Junge war nicht mehr er selbst gewesen. Er hatte sich „aufgeblasen".

Vom Sterben und vom Tod

Wenn ich manchmal im Bett liege,
denke ich über das Sterben nach.
Manchmal hab ich auch Angst und
denke, dass ich auf eine neue Welt komme.
Ich wünsche mir, dass ich sehr reich und
sehr glücklich werde.

Es tut mir sehr leid, daß der Bruder
von meiner Mutter im Krieg gestorben
ist. Ich wünsche mir, dass du mich schützt.

[redacted] 26.11.96

Maria

Maria hatte sich ausführliche Gedanken über Yasins Geschichte gemacht. Eines Tages stand sie an meinem Pult und wollte mit mir sprechen. Sie erzählte mir, dass sie auch, so wie Yasin, Mutters Liebling sei. Sie habe eine um zwei Jahre ältere Schwester, doch sie sei „die Wichtigere", wie sie sich ausdrückte. Jetzt machte sie sich Gedanken, und sie überlegte, ob es nicht doch besser sei, auf dem richtigen zweiten Platz zu stehen. Ich gab ihr Recht und riet ihr, zu ihrer Schwester einmal ganz nebenbei zu sagen: „Ich weiß, dass du die Erste bist und ich die Zweite." Ich stellte ihr in Aussicht, dass wir einmal eine Aufstellung machen könnten, falls es nicht auf diese einfache Weise wirke. Nach zwei Wochen kam Maria zu mir und sagte mir: „Es hat schon gewirkt." Sie hatte mit ihrer Schwester gesprochen, die war erst ungläubig und tat so, als hätte sie nichts gehört. Beim nächsten Mittagessen setzte sich Ursula, ihre Schwester, neben die Mutter, wo Maria vorher immer gesessen hatte. Das war der Test. Maria hatte sich auf den zweiten Platz gesetzt. Von diesem Tag an begann für beide Mädchen eine vollkommen neue geschwisterliche Beziehung. Im Verlauf des Schuljahres erzählte mir Maria, dass Ursula sie mit in den Sportverein genommen habe und ihr bei den Hausaufgaben helfe. Von Marias Mutter, mit der ich in der Sprechstunde darüber gesprochen hatte, erfuhr ich, dass sie als Kind eine Schwester durch einen Traktorunfall verloren habe, die Maria sehr ähnlich gewesen sei.

Eva

Eva war die Erste, die ihren Füller nahm, um über Sterben und Tod zu schreiben. Sie hatte noch wenig von zu Hause erzählt, war äußerst schüchtern und wollte wegen ihrer Kurzsichtigkeit gerne in der ersten Bank sitzen. Das Mädchen war meist blass, häufig erkältet, hatte Husten oder war von Hautallergien geplagt. Es blieb ihr nicht viel Spielraum für Ausgelassenheit und Lebensfreude. Obwohl sie sich sehr anstrengte, konnte sie sich in der Schule nicht gut konzentrieren.

Als ich die Zeilen gelesen hatte, fragte ich sie, über welchen Opa sie geschrieben habe. Es war der Vater ihrer Mutter, und er war gestorben, als Evas Mutter zwölf Jahre alt war.

Ich erinnerte mich an so manche Aufstellungen von Erwachsenen, in denen deutlich wurde, wie sehr Kinder bereit sind, für einen Elternteil einen schweren Verlust mitzutragen. Aus Evas Zeilen vermutete ich, dass sie unbewusst für ihre Mutter um den Großvater trauerte.

Sie schrieb ja auch: „Ich werde ihn nie vergessen“, dabei hatte sie ihn ja gar nicht kennen gelernt.

Aus Klientengeschichten wusste ich, dass unbewusste Trauer körperlich schwächen kann, und es kam mir Evas Schwester vor Augen, die zwei Jahre jünger, pausbäckig mit glänzenden, festen Haaren kerngesund herumlief. Die Mutter hatte mir selbst einmal gesagt, sie könne sich Evas Konstitution nicht erklären.

Evas Zeichnung fühlte sich so an, als wolle sie selbst (statt der Mutter?) zum Himmel hochfahren.

Jetzt fragte ich sie, ob sie einmal ihre Mutter und den Opa aufstellen möchte. Sie wollte gerne.

Sie stellte die Vertreter für Vater und Mutter nebeneinander, in einem Abstand von vielleicht eineinhalb Metern. Ihre Schwester stand vor den beiden. Ihre Stellvertreterin aber stellte Eva hinter die Mutter, neben den Stellvertreter von Evas früh verstorbenem Großvater.

Ein Kind, das hinter den Eltern steht, das hatten wir noch nie gesehen. Die Vertreterin für Evas Schwester fuchtelte mit den Armen und wollte, dass Vater und Mutter zusammenstünden. Dann winkte sie der Stellvertreterin von Eva, sie solle sich zu ihr hinstellen. Sie übernahm sichtbar die Regie. Als ich das so nebenbei bemerkte, meinte Eva: „Ja, die sagt zu Hause auch immer, was getan werden soll.“ Evas Stellvertreterin fühlte sich neben dem Opa sehr wohl. Da nahm ich das Mädchen und stellte es neben die Stellvertreterin ihrer Schwester. Die freute sich und nahm ihre Schwester um die Schulter. Evas Stellvertreterin aber meinte: „Meine Mama ist so traurig, ich muss wieder hinter zum Opa."

Nun bat ich den Jungen, der den Opa darstellte, sich neben Evas Mutter zu stellen. Wie selbstverständlich rückte auf einmal auch der Stellvertreter von Evas Vater, der vorher eineinhalb Meter von ihr entfernt gestanden war, neben seine Frau. Die beiden Mädchen bekamen glückliche Gesichter.

Zu Eva sagte ich: „Das ist jetzt dein heilendes Bild. Vater und Mutter stehen zusammen, und neben deiner Mutter steht auch dein Großvater. Ihr beiden Schwestern schaut auf eure Eltern. Der Großvater gibt euch viel Kraft, dass ihr in der Familie gut zusammensteht." Eva wollte sich gerne selbst in die Aufstellung stellen. Da streckten die beiden Stellvertreter für Vater und Mutter ihre Arme aus. Beide Kinder hatten darin Platz. Sie umarmten sich zu viert, obwohl ich das gar nicht vorgeschlagen hatte. Eva war ganz rot im Gesicht. Es war ihr ein wenig peinlich, aber man sah ihr auch die Freude an. Ich riet ihr, ein Bild ihres Großvaters für eine Weile in ihrem Zimmer aufzuhängen und ihm zu sagen: „Lieber Opa, du darfst jetzt im Himmel sein, und wir leben hier auf der Erde. Ich danke dir für die Kraft, die du unserer Familie gibst."

Am nächsten Tag kam Evas Mutter in die Schule. Sie wollte wissen, was Eva über ihren Großvater erzählt habe. Ich berichtete ihr und zeigte ihr Evas Aufsatz. Da fing die Frau an zu weinen. Sie meinte, sie habe bis jetzt noch nicht gewusst, welch großer Verlust es für sie gewesen sei, als zwölfjähriges Mädchen ihren Vater zu verlieren. „Aber den Toten geht es ja gut, die wollen, dass wir einmal die Trauer beenden, sie geben uns Kraft", sagte ich. Da fasste sie sich wieder und zeigte mir ein Bild von ihrem Vater. Sie hatte es mitgebracht.

Es war nicht weiter erstaunlich für mich, dass Evas Vater vor Weihnachten mit in den Elternabend kam. „Es ist das erste Mal", sagte er, „ich bin noch nie hier in der Schule gewesen. Sie haben das zustande gebracht, und es ist auch wirklich gemütlich bei Ihnen." Dann lud er mich ein, ob ich mit einigen Elternpaaren und ihnen zusammen nach dem Elternabend noch auf ein Bier komme. Das war eine große Ehre für mich, und ich kam mit. Beim Bier sagte er mir, Eva gehe seit einiger Zeit mehr auf ihn zu, und er freue sich darüber sehr.

Vom Sterben und vom Tod

In der Religion habe ich gehört, Gott bestimmt wann Menschen sterben müssen und wann nicht. Mein Onkel sagt immer, ich möchte fröhlich sterben. Manchmal habe ich Angst vorm Sterben. Aber Gott möchte es so. Unser Leben ist wie ein Kreislauf, es werden Menschen geboren, es sterben Menschen. Mein Opa ist meine Seele und mein Leib. Ich werde Ihn nie vergessen.

Svezdana

Svezdana war ein Jahr älter als die anderen. Die Familie war aus dem Kosovo geflohen und lebte unter äußerst bedrückenden Verhältnissen zu sechst in einem Zimmer.

Der Vater war inzwischen erkrankt und arbeitsunfähig geworden. So lag die Last des Gelderwerbs auf der Mutter und die Last des Haushalts auf Svezdana. In der Schule leistete das Mädchen begreiflicherweise nur wenig, sie war etwas verträumt und langsam, aber immer sehr freundlich. In ihrem Gesicht, um ihre Augen herum, lag ein Hauch von Schatten und Trauer.

Ihr kleiner Aufsatz spiegelt ihre Situation wider.

Bei Svezdana, so wie bei vielen anderen Kindern von Familien, die geflohen waren, erlebte ich, wie sehr sie die Trauer über die verlorene Heimat trug, während die Eltern heilfroh waren über ihre gelungene Flucht und sehr eifrig in der Arbeitssuche oder beim Gelderwerb waren. Meist zahlt ein Kind dann den Preis für den Verlust und das Heimweh mit Misserfolg in der Schule oder depressiven Stimmungen. Auch bei Kindern von Familien, die aus der früheren DDR kamen, habe ich das öfter beobachtet. Es ist wie ein unbewusster Drang, einen Ausgleich dafür zu schaffen, dass man gewollt oder ungewollt die Heimat verlassen hatte.

Bei Svezdana und anderen Flüchtlingskindern legte ich Wert auf Erzählungen aus der Heimat und über alles, was sie verloren hatten. Die Kinder konnten auf diese Weise mit ihrer Trauer direkt umgehen, sie abschließen und in vielen Fällen ihre Lebensfreude wieder spüren.

Vom Sterben und vom Tod 26.11.96

Ich wünsche mir wenn ich sterbe, dass ich noch einmal die Menschen sehen kann die mich kennen und lieben.
Ich will noch einmal nach Kosovo fliegen um dort meine Freunde und meine Familie zu sehen.

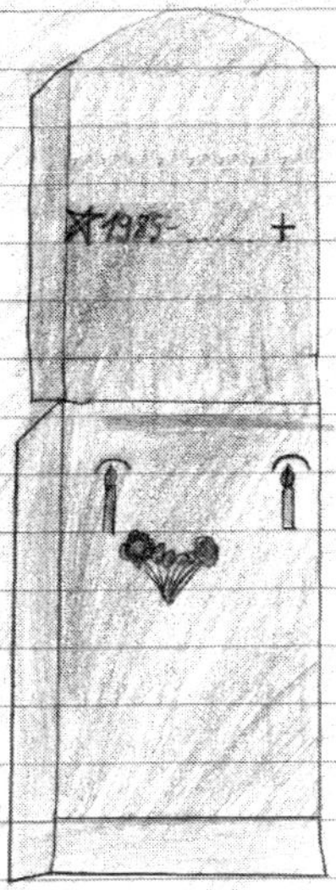

Ebru

Ebru war für mich etwas schwer verstehbar, ein Mädchen aus einer iranischen Familie, die Dritte von fünf Kindern. Beim Familienspiel wurde sie stets in Rollen gewählt, in denen eine Frau oder ein Kind unglücklich waren. Das fiel den anderen Kindern auf. Ich wusste selbst nicht, ob das von Bedeutung war und riet den Kindern, nicht weiter darüber nachzudenken. Es gab viel Streit um Ebru herum, Petzerei und Anschuldigungen. Erst als ich Ebrus Aufsatz gelesen hatte, konnte ich sie ein wenig besser verstehen. Es berührte mich auch, dass sie ihr eigenes Grab gezeichnet hatte. Aus ihrer muslimischen Sozialisation heraus war sie, was Äußerungen über ihr Elternhaus anbelangte, äußerst diskret. In ihren Zeilen las ich, wie stark das Kind moralisch unter Druck stand. Offensichtlich konnte sie es bei größter Anstrengung ihren Eltern nicht recht machen. Ebrus Vater hatte schon mit mir gesprochen und sich gewünscht, dass ich streng mit ihr verfahren solle. Er legte Wert darauf, das Kind ins Gymnasium zu schicken. Ebru hatte jedoch nur einen beschränkten Wortschatz, sie musste den ganzen Nachmittag zu Hause bleiben und sprach dann ihre Muttersprache. Samstag/Sonntag verbrachte sie in der Koranschule. Es gab kaum Aussicht für sie, sich sprachlich fürs Gymnasium zu qualifizieren. Ich konnte das ihrem Vater nicht in Ruhe klar machen. Ebru hatte mit ihren Todeswünschen mein ganzes Mitgefühl. Ebrus Schicksal vermochte ich nur so zu achten, wie es war, helfen konnte ich ihr nicht.

Vom Sterben und vom Tod

Mein Wunsch ist, dass ich schneller sterbe. Davor will ich aber ein ganz nettes und ein hilfsbereites Mädchen sein und ein paar Menschen ~~sein~~ Glück bringen. Ich möchte vor meinen Tod ein paar schöne Dinge machen. Ich möchte meiner gestorbenen Oma sagen: „Ich habe dich sehr lieb und denke an dich." Manchmal denke ich, wenn ich sterbe werde ich eine große Strafe bekommen. Ich habe viele schlimme Sachen gemacht und dafür nicht-schuldig sein und will ein neuer Mensch werden. Mein größer Wunsch ist, in das Gymnasium zu gehen. Damit mache ich mir und meiner Mutter und der ganzen Familie eine Freude. Meine Mutter sagt: „Bevor ich sterbe soll ich ins Gymnasium gehen." Das ist für sie und für mich eine große Freude. Danach will ich schneller sterben, weil ich wisen will, wie es im Himmel ist.

26.11.96

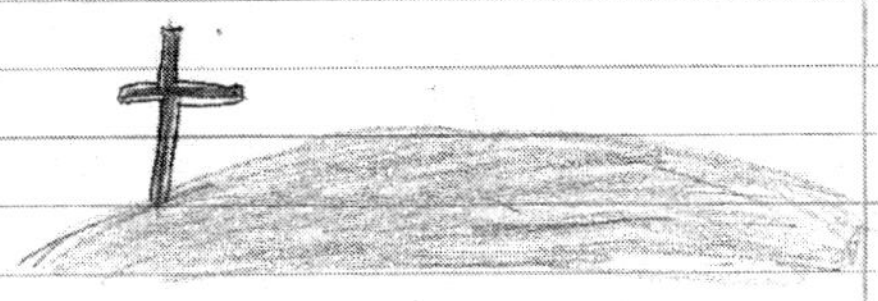

Burhan

Die Zeilen, die Burhan zu Papier brachte, waren wie ein Wunder. Auch er hatte, wie Ebru, sein eigenes Grab gezeichnet.

Mit Burhan hatte ich Mitte Oktober ein Erlebnis, das ich ausführlich schildern möchte.

Der Junge war von Schuljahrsbeginn an auffällig. Er störte den Unterricht, konnte gute Stimmungen und Zusammenarbeit nicht ertragen und schuf durch Schreien, Stühlewerfen und körperliche Attacken auf Schulkameraden ein Klima, das viele Kinder gegen ihn aufbrachte, ja, manche fürchteten ihn sogar. Nach acht Wochen war mir klar, dass dieses Verhalten in der Klasse nicht mehr tolerierbar war.

Obwohl der Junge aus vielen in den Unterricht geworfenen Äußerungen eine überdurchschnittliche Intelligenz erkennen ließ, über einen großen deutschen Wortschatz, klares Denk- und Urteilsvermögen verfügte, brachte er sehr schlechte Leistungen. Mir war auch unbegreiflich, wie es zu diesen fast anfallartigen Zuständen kam, in denen er deutlich blass wurde, hyperaktiv war – einfach nicht zu bremsen. Ein Schüppel Haare über seiner Stirn stand dann regelrecht zu Berge; – oft brach er nach seinen Aktionen zusammen, umfasste mit den Händen seinen Kopf und klagte über entsetzliche Spannungen. Ich bat seinen Vater in meine Sprechstunde. Er wusste vom Verhalten seines Sohnes und fühlte sich unglücklich. Burhan tat ihm leid und doch sah er ein, dass ich den Jungen so nicht mehr in der Klasse halten konnte. Wir sprachen über eine Förderklasse für sozial unangepasste Schüler, und ich spürte, diese Klasse stimmte für den Jungen auch nicht. „Etwas weiß er noch nicht, Ihr Sohn, vielleicht muss ich es erst wissen“, sagte ich und war erstaunt darüber, was ich da gesagt hatte.

Der Vater meinte, seine Ehe sei in Ordnung, und ich versicherte ihm, dass das sein geschützter Privatbereich sei, der mich nichts anginge. „Dennoch“, so meinte ich, „interessiert mich, wann und warum Sie nach Deutschland kamen.“ Da berichtete der Mann, er habe zunächst in der Türkei geheiratet und zwei Kinder bekommen. Fünf Jahre nach seiner Heirat seien zwei seiner Geschwister innerhalb eines Jahres gestorben, ein Bruder mit 23 Jahren während eines epileptischen Anfalls und eine Schwester mit 18 Jahren an einem Gehirnaneurysma. „Das ist nun 15 Jahre her, wir sind daraufhin nach Deutschland gegangen“, meinte er und seine Augenränder röteten sich, während er mir versicherte, dass er keine Trauer mehr darüber verspüre. Burhan, der erst vier Jahre später in Deutschland geboren wurde, wusste davon nichts, ja nicht einmal, dass er eine Tante und einen Onkel gehabt hatte, die beide jung gestorben waren.

Es entstand wieder diese Stille zwischen uns beiden, die immer entsteht, wenn eine tiefe seelische Wirklichkeit aufscheint. Ich erlebe es als ein Leuchten. Ich sagte dem Vater, dass jetzt alles gut sei und klar. Er solle sich in der Arbeit für ein paar weitere Stunden freinehmen, nach der Schule mit seinem Sohn spazieren gehen und ihm in Ruhe über seine beiden verstorbenen Geschwister berichten. Dann solle er mit ihm Fotos seiner Geschwister heraussuchen, sie abziehen und vergrößern lassen, einrahmen und aufhängen.

Erstaunt war Burhans Vater schon, er konnte hier noch keine Lösung für die Schwierigkeiten seines Sohnes erkennen. Ich gab ihm keine Erklärung, ließ ihm aber auch keinen Raum für Zweifel, sondern bat ihn, Burhan aus der Klasse zu holen, der Junge wartete nämlich schon darauf, dass er, wie versprochen, zu dem Gespräch hinzugezogen würde. Er sollte ihm sagen, wir hätten eine Lösung gefunden, alles sei gut, und er könne in der Klasse bleiben. Das tat der Vater, und ich war erstaunt, wie sehr er strahlte, als er mit Burhan die Treppe herunterkam, obwohl ich ihm ja nichts erklärt hatte. Am nächsten Tag fehlte Burhan und auch am übernächsten, das war der Freitag. Die Eltern ließen ausrichten, der Junge habe über vierzig Grad Fieber. Am Montag darauf war Burhan wieder da. Etwas blass stand er an meinem Pult und berichtete mir eindringlich, sein Vater habe ihm alles erzählt, von seiner Tante und von seinem Onkel, der Epilepsie gehabt habe, und dass sie beide gestorben seien, und sein Vater habe geweint, als er ihm das erzählt habe, und sie hätten auch die Bilder herausgesucht.

„O. K.“, – sagte ich, „dann ist ja jetzt alles gut.“ Burhan stand noch etwas bei mir am Pult herum und setzte sich, was er bisher noch nie getan hatte, ohne Aufforderung an seinen Tisch. Von da ab änderte sich der Bub von Woche zu Woche. Nach drei Wochen kam die erste Rückmeldung aus der Klasse. Einer sagte: „Burhan hat sich ja wirklich geändert. Das Beste wäre, wenn er nicht mehr alleine sitzen würde.“ Bisher wollte nämlich niemand neben ihm sitzen, und er wollte auch alleine sitzen. In der Woche darauf setzte sich ein Schüler von selbst neben Burhan, die beiden freundeten sich an und blieben bis auf wenige Unterbrechungen beieinander. Tatsächlich hatte der Junge nicht nur sein Verhalten verändert, sondern auch seine Leistungen gesteigert. Er war inzwischen einer der besten Schüler geworden.

Als er einige Monate später noch einmal einen massiven Einbruch hatte, holte ich ihn zu mir. Ich fragte ihn, ob diese alten Zustände doch besser für ihn seien. Auch schlug ich ihm vor, dem verstorbenen Onkel und der Tante einfach zu erzählen, dass er diesen Einbruch gehabt hätte und zu fragen, was die dazu sagten.

Da ging ein kleines Leuchten über sein Gesicht, und er sagte: „Wir sind noch nicht fertig, mein Vater und ich. Wir müssen die Bilder noch aufhängen, ich werde mich darum kümmern."

Von da an habe ich nicht mehr mit ihm über diese Dinge geredet. Er war bis zum Ende des Schuljahrs der viertbeste Schüler und beliebt.

Vom Leben und vom Tod

26.11.96

Ich glaube, daß ich Himmel Gott eine ~~Tod~~ Frage stellen darf: Ich würde ihn fragen: wie bist du entstanden?
Der Weg zum Himmel muß warscheinlich fast das Schönste sein.
Warscheinlich darf man sich seine Welt wünschen.
Als mein Vater mir von seinen verstorbenen Geschwistern erzält hatte, war es sehr traurig.

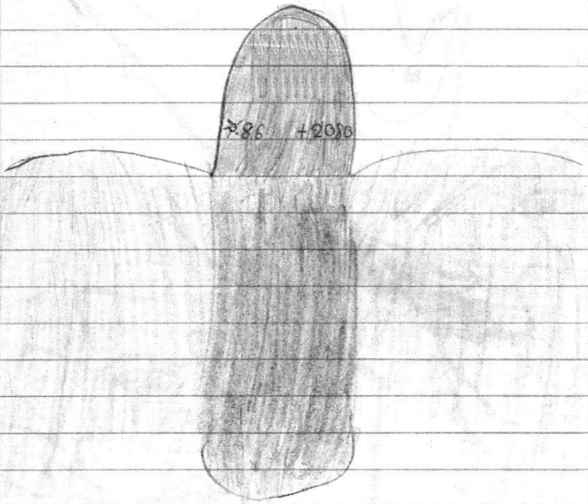

Aziza

Aziza war zusammen mit ihrer Mutter und ihrer Schwester aus Afghanistan geflohen.

Sie sprach, wie die Mutter mir sagte, afghanisch und den usbekischen Dialekt ihres Vaters, der im Widerstandskampf umgekommen war. Es schien, als ob die Erlebnisse ihres Vaters sich in ihren Träumen und Phantasien spiegelten. Sie malte sich schlafend und zeichnete daneben ihr Traumbild: Hier hat sie eine Pistole in der Hand. Aziza lernte rasch die deutsche Sprache. Doch sie hatte keine Freundinnen. Die Jungen bezeichneten sie als wehrhaft.

Vom Sterben und vom Tod

Ich will mit meiner Mutter und mit meinen Geschwistern sterben: so wie mein Opa, Onkel und meiner Tante. Manchmal denke ich darüber nach wenn ich schlafen will, hab ich Angst und weine ein bisschen. Wenn ich tot bin, oder dass jemand mich in meinen Träumen umbringen will.

25.11.96

Natürlich musste ich die Aufsätze diskret behandeln. Ich sagte den Kindern, wie sehr ich mich über ihre Mitteilungen gefreut hatte. Anschließend sprachen wir darüber, in welchen Familien noch Trauer über Angehörige herrscht, die in jungen Jahren, durch Krieg, Krankheit oder Unfall gestorben waren und wie die Familie damit umgeht. Ich sagte ihnen, dass die Toten in den Familien große Lücken hinterlassen, wenn der Krieg oder ein Unfall das Leben unvorhergesehen dahinraffen. Und ich fügte hinzu: „Manchmal ist es so, als ob ein anderes Familienmitglied diese Lücke auszufüllen versucht und sich dann so ähnlich fühlt wie der oder die Verstorbene." Das konnten sie sich nur schwer vorstellen, aber einmal nickte einer, das war Yasin. Auch sprachen wir darüber, dass die Trauer mehrere Phasen habe und manche Erwachsenen die letzte Phase nicht schaffen. In dieser Phase könnten sie die Trauer abschließen, den oder die Verstorbene in Frieden ruhen lassen, sich wieder getrauen zu lachen und ihr Leben zu leben.

Die Kinder erzählten von ihren Eltern, wie sie über die Toten sprechen, sie im Herzen tragen oder ob sie lieber nicht darüber sprechen und welche Stimmung dann in der Familie aufkommt. Ein Junge berichtete über seinen gefallenen Onkel. Ich stiftete ihn dazu an, einfach beim Essen zu sagen: „Heute habe ich in der Schule über Onkel Kenan gesprochen." Am nächsten Tag berichtete der Bub, dass er es beim Mittagessen so gemacht habe. Das habe für alle wie ein Schock gewirkt, und seine Mutter habe angefangen zu weinen. Hinterher sei alles leichter gewesen. Die Mutter wollte wissen, was er in der Schule über ihren Bruder erzählt habe. Ein paar Tage später kam sie auch zu mir und sprach mit mir. Sie konnte kaum Deutsch sprechen, zog aus ihrer Handtasche ein Bild ihres Bruders, mit einer schwarzen Schleife. Das Bild war bestimmt 15x25 cm groß. Ich fragte sie, ob wir das Bild bis zum Mittag in der Klasse aufhängen könnten, weil alle Kinder ja jetzt von ihrem gefallenen Bruder wüssten. Cem übersetzte ihr die Frage, und sie nickte. Wir hängten das Bild von Cems gefallenem Onkel an die Wand, und alle waren ein bisschen stiller an diesem Vormittag.

Walter

Der Junge hatte seinen Vater durch einen Unfall verloren, als er vier Jahre alt war. In der 5. Klasse gehörte er zunächst zu den ruhigeren Jungen, taute dann aber gegen Ende der 6. Klasse auf; er wurde anmaßend und widersprach häufig. Walter hatte sich verwandelt, er war in der Pubertät.

Ich bat seine Mutter in die Sprechstunde. Sie hatte Walters Entwicklung auch beobachtet, war unglücklich darüber und meinte: „Es fehlt halt der Vater."

Ich sagte ihr, wie sehr ich ihre Leistung schätze, den Jungen allein aufzuziehen.

„Dennoch", gab ich zu bedenken, „lebt ihr verstorbener Mann in dem Jungen weiter, so gesehen ist er immer anwesend." Das gab ihr zu denken, und sie gestand mir, wie wenig sie mit Walter über seinen Vater sprechen würde und ihm dadurch den Verlust eigentlich leicht machen wolle. Sie meinte, er solle seinen Vater vergessen, ja, sie ginge nicht einmal mehr mit ihm ans Grab. Plötzlich merkte die Frau selbst eine Erleichterung, während wir über ihren verstorbenen Mann sprachen. Man spürte, wie sehr sie noch trauerte. Walters Verhalten belastete sie sehr. Auch zu Hause war seine anfangs fürsorgliche Haltung ihr gegenüber einem herrisch befehlenden Wesen gewichen. Sie fühlte sich hilflos.

Ich gab ihr den Rat, Walters Vater wieder mit einzubeziehen. Sie solle mit dem Jungen zum Friedhof gehen und ihm am Grab, sozusagen im Angesicht seines Vaters sagen, wie stolz sie und sein Vater immer auf ihn seien und dass er ihr Sohn sei, auch wenn sein Vater nicht mehr lebe.

Außerdem solle sie ihm in Zukunft öfter einmal etwas erlauben, was nur der Vater erlaubt hätte. Da blitzten ihre Augen und sie meinte, da wüsste sie einiges. (Später sagte sie mir, sein Vater hätte ihm sicher erlaubt, samstags oder sonntags länger im Fußballclub zu bleiben, auch hätte er ihm einen Computer gekauft, was sie bisher nicht getan habe.) Ich sagte ihr, es würde dem Jungen auch gut tun, wenn sie im Alltag häufiger laut in ihre Überlegungen die Meinung seines Vaters mit einbezöge. Zum Beispiel: „Er hätte sich jetzt sicher gefreut über deinen Fußballsieg" oder „Dein Ton, wie du mit mir sprichst, würde ihm nicht gefallen". Dann hätte sie bewusst wieder ein Feld zwischen sich und ihrem verstorbenen Mann errichtet, in dem der Junge behütet aufwachsen könne und in seine Schranken gewiesen werde.

Walters Mutter nahm meine Vorschläge zunächst zögerlich auf. Walter selbst kam jedoch einmal zu mir und sagte mir, seine Mutter habe ihn mit ans Grab genommen und zum ersten Mal viel über seinen Vater erzählt. Außerdem habe sie ihm gesagt, dass er seit dem Stimmbruch seinem Vater sehr ähnlich werde. Der Junge entspannte sich in den folgenden Monaten spürbar. Tatsächlich konnte ich es allen Kindern anmerken, ob der Tod des Vaters oder der Mutter nur als Mangel aufgefasst wurde oder ob es dem verbliebenen Elternteil im Alltag gelang, den anderen verstorbenen Elternteil noch bewusst in seinen Willen miteinzubeziehen.

Einmal kam Walter sogar zu mir und sagte, er habe zum ersten Mal Trauer gespürt um seinen Vater, bis dahin hätte er immer gedacht, ich redete „Schmarrn", wenn ich über Trauer gesprochen hätte.

Trinh

Trinh war der zweite Sohn von vier Kindern einer vietnamesischen Familie. Er war ein ruhiger, fleißiger Junge und sprach bald sehr gut Deutsch.

Eines Tages kam er zu mir und sagte mir, sein 24-jähriger Bruder, der auch in Deutschland lebte, sei mit dem Motorrad tödlich verunglückt. Trinh war starr und schien mir wie im Schock zu sein. Nach einigen Wochen bemerkte ich ein völlig neues Verhalten an dem Jungen. Er wurde frech, störte laut den Unterricht, brachte ungenügende Hausaufgaben und verweigerte in der Schule die Mitarbeit.

Da fragte ich ihn, was los sei. Er zuckte mit den Schultern und wusste selbst keine Antwort.

Ich fragte ihn, ob er mit seiner Familie noch regelmäßig das Grab besuche. Sie gingen jeden Sonntag zum Friedhof. Da riet ich ihm, er solle seinen Bruder fragen, was er denn nun tun solle, es sei alles so anders, seit er tot sei.

Am Montag darauf kam Trinh zu mir und lächelte. Er sagte, er habe mit seinem Bruder gesprochen und ihn gefragt. Der Bruder habe gesagt, er solle alles so weiter machen wie bisher. Tatsächlich verhielt er sich von diesem Tage an wieder wie früher.

Aus der Familientherapie wissen wir, dass Kinder oft unbewusst den Platz eines verstorbenen Geschwisters einzunehmen versuchen, indem sie so werden wie dieses Kind. Von Trinh selbst hatte ich bereits früher gehört, sein älterer Bruder sei unruhig und frech und habe sich den Eltern häufig widersetzt.

Gerhard

Gerhards Geschichte flechte ich hier ein, weil sie zeigt, wie Geschwister aneinander gebunden bleiben, auch wenn eins von beiden bereits verstorben ist. Die Arbeit mit Gerhard erfolgte im Rahmen einer Selbsterfahrungsgruppe mit Jugendlichen zwischen 14 und 20 Jahren.

Gerhard (17) zeigte sich als sehr feinsinniger, zart fühlender Jugendlicher. Er äußerte immer wieder das Gefühl festzustecken, nicht weiter zu kommen, was sich dann in seiner schulischen Laufbahn auch entsprechend darstellte. Es glückte ihm weder, sich für eine Berufslehre zu entscheiden, noch in der weiterführenden Schule Energie zu entwickeln. Er formulierte zu Beginn der Gruppensitzungen wöchentlich dieselben Schwierigkeiten, fand jedoch erst in der letzten von sechs Sitzungen den Mut, damit zu arbeiten.

Er meinte, anhand der vorhergehenden Familienaufstellungen sei ihm klar geworden, dass es in seinem Leben einen Zeitpunkt gab, von dem ab sich für ihn alles verändert habe.

Sein vierjähriger Bruder sei bei einem Autounfall ums Leben gekommen, als er selbst zwei Jahre alt war.

Beim Abbiegen aus einer Seitenstraße verlor ein Busfahrer die Gewalt über sein Fahrzeug und fuhr in das Auto der Familie. Gerhards Vater steuerte den PKW, in dem seine Frau und die beiden Jungen saßen. Die Straßen waren schneebedeckt.

Der Busfahrer – selbst Vater mehrerer Kinder – nahm sofort die Schuld auf sich.

Alle vier Familienmitglieder kamen ins Krankenhaus. Nach zwei Tagen verstarb Gerhards Bruder.

Heute habe er sich zum ersten Mal seit vielen Jahren wieder an seinen Bruder erinnert, meinte Gerhard. Er spüre jetzt die Bereitschaft, an der Beziehung zu seinem Bruder zu arbeiten.

Ich ließ Gerhard einen Protagonisten für seinen Bruder aussuchen und bat ihn, sich selbst zu ihm in Beziehung zu stellen.

Er stand etwa eineinhalb Meter von dem Stellvertreter seines Bruders entfernt und sah genau an ihm vorbei.

Sowohl der Protagonist seines Bruders als auch er selbst sollten sich nun viel Zeit nehmen, um Winkel und Abstand voneinander zu verändern. Sehr langsam bewegten sich die beiden aufeinander zu – wie in Zeitlupe. Obwohl es bestimmt fünf bis sieben Minuten dauerte, konnte jeder aus der Gruppe sehen, wohin die Bewegung führen würde. Dann lagen sich die beiden weinend in den Armen. Alle jugendlichen Kursteilnehmer waren tief ergriffen und weinten mehr oder weniger sichtbar.

Nach einer Weile sah ich Gerhards rechte Faust, die sich auf dem Rücken des Stellvertreters seines Bruders ballte. Wie konnte das passieren, während einer solch liebevollen Umarmung?

Ich vermutete, dass in dem Jungen eine unbewusste Wut auf den Verursacher des Unfalls deutlich wurde, und so bat ich Gerhard, auch den Busfahrer aufzustellen. Er gab ihm ganz abseits einen Platz.

Gerhard wandte sich ihm zu. Nun hatte er beide Fäuste geballt.

Ich sagte ihm, dass ein Mensch, der so unmittelbar mit dem Tod eines anderen Menschen verknüpft ist, schicksalhaft mit dem Toten verbunden bleibt. Auch fügte ich hinzu: „Jeder Mensch hat seinen eigenen Todeszeitpunkt, und selbst wenn ein anderer Mensch den Tod verursacht, wirkt es für alle Beteiligten wohltuend, diesen Todeszeitpunkt zu achten."

Da stellte sich der Stellvertreter des Busfahrers neben den Stellvertreter von Gerhards Bruder. Gerhard stand vor den beiden.

Ganz langsam, wie von einem feinen Faden gezogen, ging Gerhards Hand hoch. Er reichte sie dem Stellvertreter des Busfahrers.

Sie sahen sich lange in die Augen. Dann ging er noch mal zu seinem Bruder, umarmte ihn und sagte: „Es war sehr traurig für mich, und jetzt stimme ich deinem Tod zu, so wie er war. Ich trage die Erinnerung an dich in meinem Herzen." Dann zog er sich ganz langsam von den beiden zurück.

Florian

Florian war ein etwas unberechenbarer Junge, leicht verletzlich in seinen Gefühlen, er weinte viel und traute sich nicht recht hinein in die Gruppe der Gleichaltrigen.

Eines Tages bemerkte ich, wie sein Banknachbar ihm die Hand festhielt und Florian wütend wurde. Er erzählte, Florian würde immer wieder versuchen, sich mit dem Füller ins Auge zu stechen, da könne er nicht zuschauen. Florian bestätigte das, wusste jedoch nicht, warum er das tat. Er hatte es schon öfter versucht, bisher war jedoch noch nichts passiert.

In der Woche darauf nahm mich der Sportlehrer beiseite und erzählte mir, Florian habe sich am Nachmittag nach dem Sportunterricht beim Nach-Hause-Gehen mitten auf die belebte Autostraße gelegt.

Ich bat Florians Mutter in die Sprechstunde und erzählte es ihr. Sie war verzweifelt und wusste nicht, wie sie auf Florian einwirken konnte. „Hat sich bei Ihnen denn jemand etwas angetan?“, fragte ich sie. Da erzählte sie mir, dass sich ihr Bruder schon vor Florians Geburt aufgehängt habe. Sie aber hatte davon dem Jungen nichts erzählt, sie hatte so sehr Angst, dass er dasselbe machen würde. „Bitte erzählen Sie ihm von Ihrem Bruder, der sich das Leben genommen hat. Es ist kein Makel, wenn ein Mensch so verzweifelt ist und nicht mehr leben kann. Sein Leiden und sein Tod sollten geachtet werden“, meinte ich, „und Ihr Sohn wird erleichtert sein, wenn er es weiß.“

Einige Wochen später spürte ich bei Florian eine Entspannung. Er war aufgeschlossener als früher und gesellte sich vor allem beim Sport zu seinen Kameraden. Erst Monate später erzählte er in der Klasse von sich aus, was er jetzt über seinen Onkel wusste.

2.9 Es gibt eine Trennungskultur

In den Klassen, die ich bisher geführt habe, gab es zunehmend mehr Kinder, deren Eltern getrennt lebten oder geschieden waren. Ich spürte deutlich, wie sehr manche Kinder versuchten, diesen Sachverhalt zu verschleiern. Meinem Gefühl nach war das Leiden daran, dass der Vater nicht mehr in der Familie lebte, enorm vergrößert durch das soziale Stigma, das der „unvollständigen“ Familie anhaftet. Aus Loyalität zu den Eltern sprachen sie nicht darüber, und so reproduzierte sich die Trennung noch einmal in einer Kommunikationsunterbrechung zwischen Elternhaus und Schule beziehungsweise zwischen den Kindern und ihren Freunden.

Da ich selbst lange getrennt gelebt hatte und später geschieden war, dachte ich viel über eine Trennungskultur nach. Wie konnte man für die Kinder das Beste daraus machen?

Um die mitunter sehr schwierige Situation einer Trennung für Eltern und Kinder erträglich zu gestalten, ging ich von folgenden Grundgedanken aus, die ich in jeder Klasse mit den Kindern, aber auch mit den Eltern in den Sprechstunden besprach. Als „Gedankenprotokoll“ gab ich diese Grundgedanken manchen Müttern in der Sprechstunde auch schriftlich mit.

1. Eine Familie bleibt immer heil. Sie zerbricht auch dann nicht, wenn die Eltern ihre Liebesbeziehung beenden. Eltern blei-

ben immer die Eltern und führen bewusst oder unbewusst eine Elternbeziehung, solange sie leben. Darin seid ihr aufgehoben. Ihr dürft euch das so vorstellen, unabhängig davon, ob die Eltern sich wieder vertragen oder nicht. Das ist wahr und tut euch gut.

2. Jedes Kind hat ein Recht darauf, Vater und Mutter zu lieben und sich bei Vater und Mutter aufzuhalten, um von beiden zu lernen. Solange die Kinder klein sind, sollen die Eltern bestimmen, was für das Kind gut ist.
3. Der Streit, den die Eltern untereinander führen, geht dich eigentlich nichts an. Falls ein Elternteil dich bittet zu schlichten oder irgendwie dazwischenzugehen, wirst du manchmal helfen, schon dadurch, wenn du zum Beispiel der Mutter nicht sagst, dass du deinen Vater auch liebst oder das Gefühl hast, nur die Mutter zu lieben.
   Wenn du älter bist, wirst du deutlicher spüren, wie wohl es dir tut, wenn du das Kind beider Eltern bleibst und ihnen zumutest, ohne deine Unterstützung die Trennung zu ertragen. Das ist das Schwerste und gelingt Kindern mitunter erst, wenn sie erwachsen sind.

Bei den Elternabenden und in den Sprechstunden wurden die Mütter anlässlich dieses Textes sehr nachdenklich. Sie wollten gerne erreichen, dass sich ihr Kind frei fühlt. Ich gab ihnen den Rat: „Ihr Kind fühlt sich frei, wenn Sie einmal bei Tisch zu ihm oder ihr sagen: ‚Wenn ich dich so gesund vor mir sitzen sehe, bin ich an deinen Vater erinnert, dann lieb ich ihn in dir noch immer', und den sicher richtigen Nachsatz ‚… auch wenn er mir weh getan hat' weglassen können."

Ich gab ihnen auch zu bedenken, dass Kinder sich zwar offiziell auf ihre Seite stellen, innerlich jedoch stets den anderen Elternteil unterstützen würden, den, der trinkt, den, der Unrecht getan hat, den, der vielleicht im Gefängnis sitzt. Ja, sie werden auf diese Weise dem Schwächeren oft ähnlich. Ein Kind, das beide Eltern lieben darf, ist wirklich frei für seine eigene Entwicklung.

Christiane

Christiane war ein ruhiges, fleißiges Mädchen. Sie lernte gut, und es war klar, sie würde nach der 6. Klasse in die Realschule gehen. Bei den für ein gutes Übertrittszeugnis wichtigen Probearbeiten versagte sie jedoch. Es schien nicht sinnvoll, sie in eine Aufnahmeprüfung zu schicken. Das Kind steckte in einer Krise.

Christianes Mutter, eine lebenstüchtige, realistische Frau, kam in meine Sprechstunde. Sie sorgte allein für ihre beiden Töchter. Der Vater der Kinder hatte sie verlassen, als Christiane vier Jahre alt war. Er trank, hatte sogar wegen finanzieller Unregelmäßigkeiten einmal im Gefängnis gesessen und hatte bisher keinerlei Anstrengungen gemacht, sich um seine zwei Töchter zu kümmern. „Die Kinder wollen ihn nicht sehen", meinte die Mutter.

Langsam bekam ich ein Bild davon, warum es Christiane nicht gelungen war, den Übergang in die Realschule zu schaffen. Möglicherweise fehlte die Beziehung zu ihrem Vater, der Schritt nach außen.

Als ich das ansprach, versicherte mir ihre Mutter, sie würde alles daran setzen, dass Christiane ihren Vater nicht zu Gesicht bekomme. Er habe nicht nur sie, sondern auch die beiden Mädchen enttäuscht. Außerdem sei er das schlechtest mögliche Beispiel für die Kinder. Ich sagte ihr, ich könne sie verstehen, und so trennten wir uns. Aus dem ABC der Gesprächsführung mit Eltern wusste ich, wie gut ein Gesprächsabschluss wirkte, in dem sich Eltern verstanden fühlen. Ich hatte Christianes Mutter verstanden. Ich sah ihren Schmerz und verstand ihre logischen Argumente. Es wäre nicht angebracht gewesen, weiter auf die Wirkkraft der systemischen Grundordnungen hinzuweisen. Ich wusste, sie würden schon auf andere Weise zur Wirkung kommen. Und so war es auch.

Christiane hatte – wie ich das so oft erlebte – unbewusst den Faden unseres Gesprächs aufgenommen und wünschte sich, wie sie mir berichtete, einige Wochen später, ihren Vater zu sehen. Der hatte nämlich wieder Kontakt mit Christianes Mutter aufgenommen, um ein Treffen mit seinen Töchtern zu vereinbaren. „Sie will, dass er erst das Kindergeld zahlt", sagte Christiane zu mir, „aber das wird er wohl nicht tun." Sie war so unglücklich, und ich sagte ihr, sie solle sich abends vor dem Einschlafen im Bett vorstellen, wie alles in Ordnung komme, auch wenn sie nicht wisse, wie das gehen werde.

Sie stimmte zu und erzählte mir am nächsten Tag, wie ihr die Übung gelungen sei.

Diese Übung ist eine äußerst hilfreiche Anwendung aus der Hypnotherapie, auf die ich später zu sprechen kommen werde (siehe Kapitel fünf, S. 118 ff.).

Einige Tage später kam Christiane wieder zu mir und erzählte, ihr Vater habe sie und ihre Schwester aufs Frühlingsfest eingeladen und ihre Mutter stimme jetzt zu.

Strahlend betrat sie am Montag darauf die Klasse. Sie war nicht wiederzuerkennen. Sie brachte ein großes Lebkuchenherz mit, das der Vater ihr geschenkt hatte. Von da an durfte sie ihn in regelmäßigen Abständen sehen.

Christiane konnte ihre Leistungen bis zum Schuljahresende steigern. Sie bekam mit Hilfe eines Sondergutachtens die Möglichkeit, im September eine Aufnahmeprüfung für die Realschule zu machen. Der Übergang gelang.

Oft erzählten geschiedene Mütter, ihre Kinder seien frei, sie würden sie bei großen Wünschen oder Entscheidungen zu ihrem Vater schicken, er könne sich dann einschalten.

Die Mütter waren erstaunt, wenn ich ihnen davon abriet. Ich schlug ihnen vor, sie sollten sich die Wünsche anhören und sich selbst mit dem Vater besprechen und darüber entscheiden. Dann sollten sie oder der Vater die gemeinsame elterliche Entscheidung den Kindern mitteilen. Auf diese Weise fühlen sich die Kinder zwischen den Eltern aufgehoben und müssen nicht den unausgefochtenen Kampf mit einem Elternteil weiterkämpfen, wie das so oft geschieht.

Kinder geraten leicht in das Spannungsfeld, das eventuell zwischen den Eltern noch existiert. Am besten ist es, wenn sich die Eltern, solange sie gemeinsam schulpflichtige Kinder haben, regelmäßig, aber mindestens drei- bis viermal im Jahr treffen, nur über ihre Kinder sprechen und die persönliche Beziehung ganz aus dem Spiel lassen. Aus meiner Erfahrung beobachten die Kinder diese Treffen mit Argusaugen und wollen dann hinterher genau wissen, was die Eltern besprochen haben. Es erzeugt in ihnen ein wohliges Gefühl des Aufgehobenseins. „Für meine Kinder habe ich meinen Beziehungsegoismus sehr spät überwunden“, sagte ich manchmal. „Es war auch nach längerer Zeit keine leichte Übung, doch ich habe dann am eigenen Leib erfahren, dass es nur darum geht.“

Natürlich gab es auch Kinder in den Klassen, deren Väter sich scheinbar endgültig gegen sie entschieden hatten. Den Müttern erzählte ich manchmal die Geschichte von Wolfgang (S. 15) und gab ihnen zu bedenken, dass es im Laufe der Zeit immer wieder Entwicklungen in Menschen und in menschlichen Beziehungen gibt.

Kinder sollten die Hoffnung auf den Kontakt mit dem Vater nicht aufgeben.

Wir sprachen aber auch über die schwersten Aufgaben der Eltern, nämlich in Liebe zuzusehen, wie sich im eigenen Kind ein Schicksal erfüllt, das man selbst unbewusst mit verursacht hat, zu erleben, wie man unschuldig schuldig wird. Jörg Willi (1991), ein namhafter Paartherapeut, schreibt in seinem Buch *Was hält Paare zusammen?* über die Schuldfähigkeit als notwendige Tugend der Eltern. Wir sollten in der Lage sein, unseren Kindern ihre Schicksale zuzumuten und weder versuchen sie zu beeinflussen, zu verfremden noch zu beschönigen.

Ein zweiter Mann der Mutter kann zum Beispiel keinen Vater ersetzen. Er wird immer nur der väterliche Freund sein, und das Kind wird ihn umso mehr hören und von ihm annehmen, je mehr es dem Mann gelingt, den Vater des Kindes zu achten. Wir können unsere Kinder nur begleiten und bei der Wahrheit bleiben.

Zur Erläuterung möchte ich dazu die Geschichte einer Teilnehmerin aus einem meiner Familienseminare berichten. Sie heißt: „Endlich die Wahrheit!"

Die Frau klagte über Lustlosigkeit in ihrer ehelichen Beziehung und war geplagt von der Angst, verrückt zu werden.

Ihre Mutter hatte sie im Alter von einem halben Jahr verlassen. Fortan lebte sie mit ihrem Vater und einer Verwandten, die sich um sie kümmerte. Die Mutter war in eine ferne Stadt verzogen und machte auch später keinerlei Anstrengungen mehr, ihre Tochter wiederzusehen. Dem Kind sagte man, die Mutter habe sie geliebt, sie sei aber ein wenig „gspinnert wordn" (sie sei verrückt geworden).

Mit 18 Jahren wollte die Frau ihre Mutter kennen lernen und besuchte sie. Die Mutter war ganz normal. Sowohl Mutter als auch Tochter bemühten sich bei dem Treffen, einen Herzenskontakt herzustellen, es gelang ihnen nicht. Die Tochter versuchte es noch zweimal und stellte dann weitere Versuche ein.

Für ihre Arbeit im Seminar wünschte sie sich nur, vor einer Stellvertreterin ihrer Mutter zu stehen, um sie etwas zu fragen. Ich stimmte dem zu. Als die zwei Frauen voreinander standen, fragte sie: „Warum hast du mich verlassen?" Spontan antwortete die Stellvertreterin der Mutter: „Weil i di ned megn hob" (ich mochte dich nicht).

Uns anderen stockte das Herz. Diese ungeschminkte Wahrheit schien zu hart. Doch gleich darauf lagen sich die beiden Frauen in den Armen. Die Klientin weinte und schluchzte immer wieder: „Endlich die Wahrheit!“

Ein Jahr später schrieb sie mir. Die Ängste vor Realitätsverlust und davor verrückt zu werden, waren seitdem vollständig ausgeblieben. Vor allem aber hatte sie beim nächsten Besuch einen guten, einfachen Kontakt zu ihrer Mutter gefunden. Sie schrieb wörtlich: „Schon am Bahnsteig lagen wir uns in den Armen.“

Der Weg zum Vater wird gebahnt

Joschi

Joschi lebte mit seiner allein stehenden Mutter und seinen drei Brüdern. Er erzählte wenig von zu Hause und nur sporadisch von Mutter oder Vater. Als wir das Familienspiel spielten, wollte er auch gerne aufstellen. Er hatte wohl gespürt, wie sich in jeder Aufstellung Achtung vor dem Familienschicksal entfaltete. Er sagte: „Seit einiger Zeit spüre ich, dass ich zu meinem Vater gehöre, aber ich lebe bei meiner Mutter.“ Das war mutig.

Er stellte auf: In einer Reihe seine Mutter, neben ihr seine beiden Brüder, etwas weiter weg den Vater der beiden.

Etwa zwei Meter weit weg stellte er im Winkel von etwa sechzig Grad seinen eigenen Vater und sich auf.

Als die Stellvertreter aufgestellt waren, sagte der Vertreter von Joschis Vater: „Joschi gehört zu mir.“ Da streckte die Stellvertreterin von Joschis Mutter ihren Arm aus und sagte: „Ich will, dass der Junge bei mir steht.“ Joschi saß in der Bank und nickte mit dem Kopf. Jetzt sah er seinen Konflikt von außen, ohne viel darüber gesprochen zu haben.

Ich schlug Joschis Stellvertreter vor, sich zu seiner Mutter zu stellen, neben seine Brüder und zum Vater zu sagen: „Ich hab dich lieb. Ich gehöre zu dir, und jetzt lebe ich noch bei der Mama.“ Das war ein lösender Satz. Dann sagte er zur Stellvertreterin der Mutter: „Mama, ich gehöre zum Papa, und jetzt lebe ich noch bei dir.“ Dieses „noch“ ließ offen, wann er zum Vater gehen würde, und es deutete an, dass er den Bannkreis der Mutter verlassen würde. Es begann damit ein Prozess, über dessen Dauer und Verlauf keine Aussage gemacht wurde. Ich sagte nach der Aufstellung zu Joschi: „Als Mann gehörst du zu den Männern." Da lachte er und klopfte sich mit beiden Fäusten auf die Brust.

Im Verlauf der nächsten Wochen kam seine Mutter zu mir in die Sprechstunde. Joschi hatte vom Familien-Stellen nichts gesagt. Sie thematisierte jedoch von sich aus, wie sehr sie an dem Jungen hinge und stellte in Frage, ob das so gut sei. Sie meinte: „Ich weiß nicht, ob ich es übers Herz bringe, ihn seinem Vater zu übergeben, wenn er ihn jetzt mal bei sich haben will." Ich sagte ihr, es sei mir auch so schwer gefallen mit meinen beiden Söhnen, die ich zum Vater gegeben hatte, aber jede Entscheidung habe doch ihren rechten Zeitpunkt.

Als Übung bot ich einzelnen Kindern aus Trennungsfamilien an, beide Eltern nebeneinander aufzustellen, auch wenn sie getrennt lebten, und sich selbst davor zu stellen.

„Sie sind die Wurzeln, und du bist der Zahn", sagte ich meistens dazu und zeichnete einen großen Zahn mit zwei Wurzeln an die Tafel.

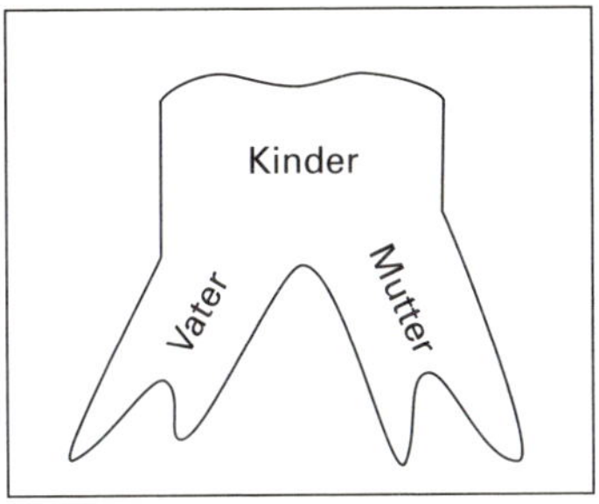

Sie verneigten sich vor den Stellvertretern der Eltern und sagten: „Ich stimme dem zu, dass ihr getrennt seid, auch wenn es mir weh tut. Ich bleibe immer das Kind von euch beiden."

Einer sagte einmal: „Ich stimme dem zu, dass ihr getrennt seid, dann streitet ihr nicht mehr so viel, und ich muss keine Angst mehr um Mama haben." Auch das stimmte, und in der Verneigung wurde die schwierige Situation für Eltern und Kind in einen achtungsvollen Zusammenhang gebracht.

Einmal sagte ein Junge, er habe gedacht, dass diese Verneigung „nichts wert sei", so drückte er sich aus. Hinterher sei es ihm jedoch gut gegangen und er habe sich sehr viel kräftiger gefühlt.

So lernten die Kinder tätig, mit dem Schweren umzugehen.

2.10 Werteordnungen in der Erziehung

Immer wieder berichteten mir Eltern, sie kämen mit ihrem Partner bei Erziehungsschwierigkeiten auf keinen gemeinsamen Nenner. Sehr erstaunt waren die Mütter oder Väter oft, wenn ich ihnen sagte: „Das brauchen sie doch gar nicht." Sie konnten sich nicht vorstellen, wie das gehen könnte. Ich erklärte ihnen, die Kinder wüssten ohnehin längst, welche unterschiedlichen Werte den Eltern wichtig seien. Wenn sich die Eltern also auf Werte einigen wollten, so sei das nur ein Machtkampf zwischen ihnen, der sofort gestoppt werden könne. Stattdessen solle jeder Elternteil dem anderen Achtung für seine jeweiligen Werte entgegenbringen. Das ist es, was wir unseren Kindern mitgeben können, die Achtung vor den Werten des anderen und das Zugeständnis, dass sie von beiden Eltern erzogen werden.

Im Alltag bestimmen die Eltern abwechselnd, was gemacht wird. So erleben Kinder, wie die Mutter von ihren Vorstellung abweicht, wenn sie sagt: „Ihr wisst genau, wie ich es mag. Heute macht ihr es so, wie Papa es will." Und umgekehrt natürlich auch. Dann sind die Kinder zwischen beiden Eltern als Erziehungspersonen gut aufgehoben, ohne dass einer von beiden auf seine Werte und seine Individualität verzichten müsste. Sie können von beiden lernen, und es gibt keine Notwendigkeit, die Eltern gegeneinander auszuspielen. Dieses Prinzip wirkt wie eine „Schulung", in der beide Eltern voll zur Durchführung eines Teils ihrer Vorstellungen kommen und entsprechend oft auf die Durchsetzung der eigenen Erziehungsvorstellungen zu Gunsten des Partners zu verzichten lernen. Natürlich gibt es große Entscheidungen, an denen beide Eltern mitwirken müssen, wie etwa die Wahl einer weiterführenden Schule oder bei welchem Elternteil getrennter Eltern das Kind derzeit am besten aufgehoben ist. Ein gut geschultes Elternpaar wird es leichter haben, in solchen Fällen gemeinsam die angemessene Lösung für das Kind zu finden.

In vielen Fällen führte eine Unterhaltung über unterschiedliche Werte die Eltern sogar in eine neue Richtung. Eltern erzählten mir, sie hätten sich wie von einem Zwang befreit gefühlt. Hinterher seien ihnen jedoch eine Reihe von Werten eingefallen, die ihnen gleichermaßen wichtig waren.

Im Unterricht sprach ich mit den Kindern darüber, was dem Vater und was der Mutter wichtig ist, natürlich auch, was beiden gemeinsam wichtig ist. Es wurde sichtbar, wie genau die Kinder sich in den Werteskalen der Eltern auskannten. Wir listeten sie richtig auf, zum Beispiel:

Vater: still sein bei Tisch, der Mutter folgen, sich unter den Kameraden wehren, in der Schule aufpassen, gut im Sport sein, Interessen und Hobbys haben.

Mutter: auf die Geschwister aufpassen, nicht soviel fernsehen, lieber nachgeben, als sich mit Kameraden schlagen.

Natürlich machten wir auch solche Listen: Was Vater erlaubt und Mutter nicht.

Oder: Was Mutter erlaubt und Vater nicht.

In manchen Klassen gab ich die Erstellung dieser Listen als Hausaufgabe auf. So konnte man annehmen, dass die Hausaufgabe in vielen Familien auch besprochen wurde, und sie hatte auf diese Weise einen doppelten Sinn. Die Kinder erzählten über ihre erstaunten Eltern, die kaum glauben konnten, wie genau ihre Sprösslinge über unterschiedliche Auffassungen von Vater und Mutter Bescheid wussten. Ich vermute, dass dadurch nicht selten ein Gespräch über Erziehungsvorstellungen und Werte zwischen den Erwachsenen begann.

Für die Kinder allein erziehender Mütter, für Kinder, deren Vater oder Mutter gestorben war, bekam die Liste ebenfalls eine große Bedeutung. Hier hieß eine Reihe: Was mein Vater / meine Mutter erlauben würde, wenn er / sie noch lebte.

Kinder, die einen Stiefvater hatten, machten ihre Skala mit drei Reihen: eine für Mutter, eine für Vater und eine für den Stiefvater. Damit wollte ich die Mütter dafür sensibilisieren, dass ihre Kinder immer die Kinder des verstorbenen Vaters blieben, auch wenn sie ihrem Stiefvater als Partner der Mutter Achtung entgegenbrachten. Ich konnte schon bei so manchem harten Erziehungskampf zwischen einem Kind und seinem Stiefvater unterstützend und entschärfend wirken, wenn ich in diesem Sinne mit der Mutter sprach. Der leibliche Vater und seine Werte leben unbewusst in dem Kind. Er hat den Vorrang.

In vielen Fällen wussten Kinder, wann sie dem Vater eher folgten, als der Mutter, bei welchen Fragen sie den Willen der Mutter unterlaufen konnten und gleich beim Vater anfragten und umgekehrt. Ich riet also den Eltern in der Sprechstunde, eine Transparenz in dem, was erlaubt und angeordnet werde zu praktizieren und darauf zu achten, ob der andere Elternteil bereits etwas angeordnet hatte, das die Kinder durchführen sollten.

So erfahren die Kinder in der Erziehung im Wesentlichen die Achtung beider Eltern vor den jeweils unterschiedlichen Wertvorstellungen des anderen Elternteils.

Eine Mutter, deren Ehemann freiwillig aus dem Leben geschieden war und sie mit drei heranwachsenden Söhnen zurückgelassen hatte, war einmal ganz unglücklich, weil sie sich von der Erziehungsaufgabe, drei Jungen durch die Pubertät zu begleiten, überfordert sah. Da riet ich ihr, ihren Söhnen einen Bereich zu eröffnen, in dem der Vater sicher Spaß mit ihnen gehabt hätte. Sie wusste sofort, dass es in ihrem Fall um den Computer ging, und erlaubte ihnen jeden Freitagabend so lange damit zu arbeiten und zu spielen, wie sie wollten. „Das hätte er mit ihnen sicher auch so gemacht", meinte sie, „mir fällt es nicht leicht, es zuzulassen." Sie hatte Erfolg. Es gelang ihr daraufhin in Fällen, die ihr wichtig waren, sich ohne Kraftaufwand durchzusetzen. Später erzählte sie mir noch, einer der Jungen habe jetzt ein Moped. Es gefiel ihr nicht, ihr Mann hätte das jedoch sicher befürwortet.

Die wenigen Bausteine praktischer Erfahrungen, die ich hier zusammengetragen habe, sind nur Hinweise auf eine Reihe neuer Erkenntnisse und Möglichkeiten in der Erziehung aus systemischer Sicht. Ich verweise auf eine ausführliche theoretische Arbeit von Wilhelm Rotthaus (2000) *Wozu erziehen? Entwurf einer systemischen Erziehung*, in der der Autor Erziehung als einen interaktiven Prozess zwischen Kind und Erzieher (Lehrer) beschreibt. Diesen Prozess nennt er Koevolution (interaktive Entwicklung).

2.11 Zusammenfassende Bemerkung zu meiner systemisch-phänomenologischen Arbeit nach Bert Hellinger in Schulklassen

Alle Arbeiten des Familien-Stellens und auch der Familienbetrachtung, die ich mit den Kindern machte, gehen weit über den Lehr- und Erziehungsauftrag einer Lehrerin an Hauptschulen hinaus. Meine lange Berufserfahrung, meine psychotherapeutischen Kenntnisse und Erfahrungen gaben mir den Mut, die Kinder zunächst mit diesem Gedankengut in Kontakt zu bringen. Zu meinem eigenen Erstaunen ließen sie den Faden, der einmal gesponnen war, nicht mehr abreißen. Ihr wachsender Respekt vor ihren eigenen Familien und vor den Familien anderer Kinder, ihre Verneigungen, ihre Achtung vor den Toten, alles das, was ich von Bert Hellinger gelernt hatte, schien sich durch den sichtbaren Prozess der Kinder noch einmal mehr zu bewahrheiten. Ihr Drang, darüber hinaus mehr zu erfahren, sich auch konstruktivistisches und hypnotherapeutisches Denken und Handeln anzueignen, die Kraft des Visualisierens zu erproben, Rituale, Spiele, Schulfeiern zu gestalten, war für mich eine wichtige, fast folgerichtige Erfahrung auf dem Boden systemisch-phänomenologischer Tiefenerkenntnisse.

Mit meinem Bericht darüber möchte ich Ihnen, liebe Kolleginnen und Kollegen, nicht unbedingt nahe legen, Ähnliches zu tun. Es bedarf ausführlicher Selbsterfahrung sowohl mit dem Familien-Stellen nach Bert Hellinger als auch in anderen Familientherapieformen. Darüber hinaus ist auch therapeutische Ausbildung und praktische Erfahrung nötig, um die enorme Wirkung oft geringfügig erscheinender (Neben-)Bemerkungen oder Anleitungen abzuschätzen.

Durch meine Beschreibung möchte ich begreiflich machen, wie sich in Schulklassen Familiengesetze darstellen, denen sowohl wir Erwachsene als auch die Kinder folgen, und wie allein die Achtung vor den Familien – jenseits aller therapeutischen Maßnahmen – durchaus hilfreich sein kann, ein heilsames, sicheres soziales Feld in der Klasse wachsen zu lassen. Es war unübersehbar, wie „systemische Schulung" die Kinder befähigte, bedeutend achtungsvoller und sensibler miteinander umzugehen und diese ihnen neue Chancen für ihre Schritte in eine Welt des gemeinsamen und selbstständigen Lernens bereitete. Aus den Rückmeldungen der Eltern erfuhr ich, wie viele Anregungen auch sie durch die Erzählungen der Kinder bekamen. Viele Eltern begannen, neue Wege zu beschreiten, die ihnen zu mehr Selbstachtung verhalfen und sie in manchen Fällen aus der sonst durchaus üblichen gewalttätigen Atmosphäre gegen Kinder herausführten.

3. Die systemischen Sichtweisen

3.1 Was ist ein System? – Was heisst systemisch denken und sehen?

An dieser Stelle möchte ich ein kurzes theoretisches Kapitel einschieben. Natürlich können Sie es auch überschlagen und bei Kapitel vier ohne Schwierigkeiten mit der Lektüre über praktische Anwendungen systemischer Erkenntnisse im Schulalltag fortfahren.

Obwohl Bert Hellinger seine Methode systemisch-phänomenologisch nennt, unterscheidet sie sich in Vorgehensweise und Zielrichtung doch grundsätzlich von der Denk- und Arbeitsweise systemischer Familientherapeuten, selbst wenn wir immer wieder Berührungspunkte beider „Schulen" erkennen. Systemische Familientherapie entwickelte sich in weiten Bereichen nach dem allgemeinen Denkansatz des Konstruktivismus, einer Lehre, die ich hier kurz beschreiben werde.

Was ist ein System?

Humberto Maturana, ein chilenischer Wissenschaftler, hat die Frage nach der Definition eines Systems sehr ausführlich beantwortet. Er unterscheidet zwischen einfachen und komplexen Einheiten. „Ein Auto zum Beispiel, das wir als Vehikel mit eigenem Antrieb sehen, ist eine einfache Einheit. Als zusammengesetzte Einheit betrachten wir es, wenn wir die Komponenten und deren Vernetzung spezifizieren. Da erscheint das Auto als ein Vehikel, das aus Karosserie, Motor, Rädern usw. besteht; die Zusammensetzung prägt seine Eigenschaften als Ganzes: Beschleunigung, Wendigkeit usw." (zit. nach Ludewig 1992, S. 67).

Diese zusammengesetzten Einheiten also heißen Systeme. Jedes System weist zwei Komponenten auf: eine Organisation, gemeint ist das Verhältnis zwischen den Elementen, die dazugehören, und eine

Struktur, das ist die räumliche Ausgestaltung dieser zusammen wirkenden Einheiten.

Wir unterscheiden aber auch zwischen lebenden und nicht lebenden Systemen. Die Struktur von Lebewesen kann sich mit der Zeit ändern (zum Beispiel: Puppe, Larve, Schmetterling), ihre Organisation muss jedoch, um weiterzuleben, in gewissen Grenzen gewahrt bleiben.

Maturana beschreibt Lebewesen als „autopoietische Organisationen“ (Maturana u. Varela 1972). Mit Autopoiese (wörtlich = Selbsterzeugung) ist eine besondere Eigendynamik gemeint, die das System aufrechterhält. Lebewesen sind sowohl regenerationsfähig (viele Verletzungen heilen von selbst) als auch in ständiger Veränderung (Stoffwechsel, Zellabbau und Zellwachstum). Darüber hinaus sind sie operational geschlossen, sie kümmern sich nur um ihre Eigenzustände und sind nicht mit systemfremden Komponenten beschäftigt.

Bei Störungen oder Verletzungen können sich lebende Systeme nicht nur selbst regenerieren, sondern sich auch in ein (neues) Gleichgewicht bringen, das die Organisation aufrechterhält. Da die Fortentwicklung aller Lebewesen durch Veränderungen in der Struktur vor sich geht, besteht in jedem Lebewesen auch eine Ambivalenz gegenüber erhofften und abzuwehrenden Einwirkungen. Es ist nicht voraussehbar, wie es eine Außeneinwirkung verarbeiten wird. Kleine Anstöße können oft große Veränderungen zur Folge haben und umgekehrt. Diese Erkenntnis spielt vor allem bei der Betrachtung von Familie, in Erziehung und Unterricht, eine wesentliche Rolle.

Familiensysteme sind gewachsene soziale Systeme. Sie verhalten sich in ihrer Wirkung auf die einzelnen Mitglieder nach Gesetzmäßigkeiten, wie sie hier für lebende Systeme formuliert wurden. Die Beobachtungen Bert Hellingers gehen allerdings über die hier geschilderten Kriterien weit hinaus.

Und wie verhalten sich Schulsysteme, Schulen, Schulklassen? Wir erkennen hier die fließenden Grenzen zwischen der Struktur (Schulsystem, Schule, Schulklasse) und dem Leben, das die Organisation erfüllt und zu einem „Wesen“ macht, das mehr ist als die Summe der Eigenschaften aller Mitglieder. Wir beobachten eine Eigenstruktur von Klassen, Eigendynamiken, die Entwicklung eines Zusammengehörigkeitsgefühls und ein deutliches Ausgleichsbestreben. (Wenn ein „Störenfried“ die Klasse verlässt, übernimmt in der Regel ein anderer Schüler diese Rolle.) In Schulklassen gibt es Untereinheiten (Subsysteme), die jeweils ihre spezifischen Funktionen erfüllen und voneinander unterscheidbar sind, etwa die Funktionen des Lehrers, einzelner Schüler, die sich sozial oder leistungsmäßig hervorheben, und der Gruppe durchschnittlich angepasster Schülerinnen und Schüler. In einer Klasse wachsen soziale Bindungen, und es bildet sich ein Gruppenverhalten heraus. Auch hier ist nicht zu übersehen, wie sich die einzelnen Subsysteme jeweils beeinflussen, die Lehrerin die einzelnen Gruppen der Schüler und die Schülergruppierungen die Lehrerin, sodass durch diesen Prozess täglich die Gruppe der Schülerinnen und Schüler die Lehrerrolle von neuem definiert und umgekehrt.

Was ist systemisches Denken und Sehen?

Systemisches Denken und Sehen im Sinne des konstruktivistischen Denkansatzes wurde durch die Wissenschaftler Ernst von Glasersfeld (1996), Heinz von Foerster (1985) und Humberto Maturana (1987) beschrieben. Sie gehen davon aus, dass wir Menschen als geschlossene Systeme mit unserem Gehirn nicht fähig sind, die Welt zu erkennen, etwa einen Stein, einen Baum, einen Menschen zu sehen, zu hören, zu riechen, zu tasten, zu schmecken, wie er ist. Die moderne Hirnforschung weist nach, dass bereits wenige Impulse aus der Welt, zum Beispiel Photonen, unser Gehirn in einen produktiven Zustand versetzen, sodass unser Gehirn etwas erschafft und in die Außenwelt projiziert, was wir dann Stein, Baum oder Mensch nennen. Wir können prinzipiell nicht herausfinden, wie diese Objekte im Außen beschaffen sind. Das gilt für alle Sinnesqualitäten. Da menschliche Gehirne ähnlich berechnen, konstruieren, erschaffen, wird es verständlich, dass wir eine ähnliche Wirklichkeit erleben, wir sprechen von einer *konsensuellen Wirklichkeit*.

Entsprechend dieser Erkenntnis können wir annehmen, dass das System Schule zum Beispiel aus Schulhaus, Rektor, Lehrern und Schülern, Eltern, Schulbehörde (Kultusministerium und Gesellschaft) besteht. Darüber hinaus aber nehmen wir die Schule auch als „... ein fließendes Netzwerk interagierender Ideen und (damit) verbundener Hoffnungen und Handlungen wahr“ (Goolishian u. Anderson 1988 S. 190). Unsere Wahrnehmungen davon, wie die einzelnen Einheiten des Systems beschaffen sind, unterliegen einem ständigen Wandlungsprozess. Sie zwingen uns dazu, vertraute Vorstellungen von Stabilität, Ordnung und Kontrolle aufzugeben. Das bedeutet, dass wir Systeme, wie hier die Schule, ständig neu erschaffen, indem wir sich wandelnde Bilder und Ideen von dem, was Schule ist, zulassen und in sie hineintragen. „Um diese schwierige Aufgabe zu meistern, müssen wir mit der sich unentwegt wandelnden, ‚nicht programmierbaren' menschlichen Natur gemeinsame Sache machen" (Goolishian u. Anderson a. a. O.).

Der Prozess, den wir Erziehung oder Lernen nennen, ereignet sich, indem Erzieher und Lehrer das Gleichgewicht des „Systems Kind" stören. Es ist wirklich in keiner noch so ausgefeilten Erziehungs- oder Lehrmaßnahme voraussehbar, wie die „Störung" auf ein Kind wirkt, ob sie in den gerade stattfindenden inneren Prozess passt und angenommen werden kann oder ob sie Angst auslöst und das Kind dazu veranlasst, sich der „Störung" zu verschließen.

Diese ständige „Störung" des kindlichen Gleichgewichts soll in eine Kommunikation eingebunden sein, die Wilhelm Rotthaus „interaktive Entwicklung (nennt), ein wechselseitiges, interpretierendes Handeln, wobei Bedeutungen … im Prozess der Interaktion erfunden werden" (Rotthaus 2000, S. 107).

Darüber hinaus gehört zum systemischen Denken das Wissen um die Verknüpfung von Kindern und Lehrern mit ihren Herkunftsfamilien (bzw. mit den Ideen und Regeln dieses Systems). Teil des Systems Schule zu sein, heißt, dass Schule auch Teil aller mit ihr verbundenen Familiensysteme ist oder, bildlich gesprochen, die Herkunftsfamilien aller Schüler und Lehrer Subsysteme einer Schule darstellen.

So wirken die Familien auf die Schule und die Schule auf die Familien – um hier die Interaktion nur zweier Komponenten dieses Systems zu beschreiben. Von daher können wir nicht vollständig unterscheiden, wo das System Familie aufhört und das System Schule anfängt. Nach unserer traditionellen Vorstellung, die uns im Glauben ließ, wir könnten die Welt wahrnehmen, wie sie ist, betrachteten wir Familie und Schule als zwei klar voneinander abgegrenzte Einheiten mit je eigenen Regeln, Bedürfnissen und Aufgaben. Heute wissen wir, dass kein System vom anderen vollständig abgrenzbar ist, ebenso wenig wie Schule etwa vom Fernsehen oder den Faktoren der bestehenden Jugendkultur.

In dieser immer währenden Einwirkung aller Beteiligten eines Systems aufeinander geschieht Entwicklung. Sie belebt uns und löst gleichzeitig Ängste aus. Jeder hat teil am sich entwickelnden Bewusstseinsfeld und erlebt mehr oder minder stark in den Ängsten ein inneres Festhalten und Bewahrenwollen.

Im sozialen Konstruktionismus, den ich an dieser Stelle noch erwähnen möchte, sieht der Hauptvertreter Kenneth Gergen (1985) den Dialog, das Sprechen miteinander, als den Raum, wo Wirklichkeit entsteht. Für das System Schule könnte das bedeuten: Wenn sie als Organisation grundsätzlich erhalten bleiben soll, so müssten wir für einen ständigen Dialog über angemessene Schulkonzepte und Unterrichtsmethoden bereit sein. Letztlich ist es dann die Verantwortung einer ganzen Gesellschaft, an der Weiterentwicklung einer Schule tätig zu sein, in der Kinder zwischen notwendiger Behütung, Wahrung angemessener Werte und freier Entfaltung gut aufgehoben sind. Unsere Kinder sind die Erbauer unserer und ihrer zukünftigen Welt. Schule bildet mehr als andere Bewusstseinsfelder die Matrix einer entstehenden Zukunft.

3.2 Vom logisch kausalen Denken zur systemischen Sicht

Für alle, die ein Kind beim Aufwachsen begleiten dürfen, ist der Spracherwerb eine der faszinierendsten Phasen. Ich erlebe meinen Enkel, wie er sachverständig am Ofen steht und „heiß“ sagt und bei einer Pfütze „Sasser“. Wenn er jedoch mit mir spricht, so ist das ein anderes Ereignis. Er läuft mir über die Wiese entgegen und redet in langen Sätzen, er artikuliert, senkt und hebt die Stimme, er ruft aus und fragt – er bildet einen zusammenhängenden Schwall von Lauten, ohne ein erkennbares oder unterscheidbares Wort zu formulieren, und wenn ich ihn dann in meine Arme nehme, hat er mir unglaublich viel von sich und seinem Leben erzählt, und er erfährt von mir.

In ihrem Buch *Kurztherapien* (1996) beschreibt Eva Madelung die Bedeutung der systemischen Sicht für die Ebene unserer gesamten Kommunikation folgendermaßen:

„Der systemische Ansatz richtet sein Augenmerk hauptsächlich auf den Beziehungszusammenhang, eine Kraft oder ein Fluidum, das zwischen Menschen wirkt, gleichgültig, ob sich dies in verbaler oder nonverbaler Kommunikation ausdrückt. Alles hängt dabei mit allem zusammen. Im Kernpunkt des Geschehens steht die Wechselwirkung: ob zwischen Organen oder Gliedern des Körpers, Teilen der Persönlichkeit oder Mitgliedern einer Familie, eines Stammes, eines Volkes oder von Völkern untereinander. Jeder Mensch steht auf vielfältigste Weise in Wechselwirkung mit seiner Umwelt. Was einer von uns tut, wirkt sich auf alle anderen Mitglieder seiner Familie, seiner Gruppe aus, wirkt auf das Ganze und auf ihn selbst zurück. Dieses Modell gilt auch für die verschiedenen Ebenen unseres Seins: z. B. beeinflussen unsere Vorstellungen unsere Handlungen und unsere Wahrnehmungen, unser Empfinden und Wahrnehmungen, Vorstellungen und Handlungen beeinflussen die Umwelt und umgekehrt. Jede Veränderung an irgendeiner Stelle ergibt eine Veränderung im Ganzen" (Madelung 1996, S. 55/56b).

Dieser Art des Zusammen-Sehens und der Wahrnehmung von Wechselwirkungen steht bis zum heutigen Tage eine andere Tradition entgegen, in der sich auch unser Schulwesen, ja unsere ganze Wissenschaft befindet: Das ist die Tradition des logischen, kausalen Denkens, des Trennens, des Unterscheidens, des Analysierens, des Einteilens und des Erklärens einer bestehenden Welt (von Foerster 1994).

So geschieht noch heute, mit wenigen Ausnahmen, das Lehren und Lernen in den Schulklassen in vielen unterschiedlichen und zusammenhanglosen, weitgehend im Frontalunterricht gelehrten Unterrichtseinheiten. Die Selbsttätigkeit der Schüler soll zwar angeregt werden, meist ist der Zeitaufwand im Verhältnis zur vorhandenen Unterrichtszeit jedoch zu hoch, und so gehen viele Lehrer rasch wieder auf traditionelle Formen der Methodik des Unterrichts zurück.

An dieser Stelle möchte ich auf die lange Geschichte des Lernens aus Erfahrung von der griechischen Antike, den Erkenntnissen Rousseaus und der Reformpädagogik, über Freinet und Montessori bis hin zu den Landerziehungsheimen verweisen. In einem von Peter Fauser, Universität Jena, geleiteten Projekt *Imaginata e. V.*, in dem die Schüler in Selbsttätigkeit physikalische Gesetze entdecken und in einer jährlichen Ausstellung veröffentlichen, wird dieses Lernen durch Erfahrung auch für Schülerinnen und Schüler eines Jenaer Gymnasiums ermöglicht und wissenschaftlich begleitet.

Schüler in Regelschulen weisen ihren Wissensstand in Einzeltests nach. Schließen sie gut ab, rücken sie in eine höhere Klasse, in eine weiterführende Schule vor. Gruppenarbeiten dienen nur in ganz seltenen Fällen als möglicher Wissensnachweis. Teamfähigkeit und Kommunikationsfähigkeit sind Qualitäten, die kaum gefördert oder gelehrt werden, die Bewährung des Einzelkämpfers steht noch bis heute im Vordergrund. Soziale oder kommunikative Fähigkeiten eines Schülers werden sein Fortkommen innerhalb seiner Schullaufbahn letztlich kaum beeinflussen.

Auch die Aufbereitung und Präsentation des Lehrstoffs spiegelt unsere große kulturelle Tradition des Trennens und Unterscheidens wider: Es gibt die Grammatik der Sprachen, Einteilungen nach Konjugationen, Deklinationen, Satzformen und Zeitenbildungen, in der Biologie unterscheiden wir Bienen von Wespen, Kaltblütler von Warmblütlern, Fische von Vögeln, in der Geschichte Kaiser von Königen, Monarchien von Demokratien, in der Chemie Metalle von Nichtmetallen, Säuren von Laugen.

In derselben Weise sind unsere Vorstellungen darüber, wie wir als einigermaßen professionelle Lehrer die Unterrichtseinheiten gestalten sollen, von dieser Tradition geprägt. Klar unterteilte Unterrichtsabläufe wie Hinführung, Lernzielangaben, Motivation, Wissensvermittlung und Wissenserwerb in Teilschritten, Anwendungen, Zusammenfassung des Gelernten, Übertragung auf andere Zusammenhänge sind vorgesehen. Wir bleiben als Lehrkräfte in der Verantwortung, dass jedes einzelne Kind den zu erlernenden Stoff möglichst vollständig aufnimmt und ihn innerhalb eines vorgegebenen Zeitrahmens wiedergeben kann, und wir überwachen das.

In Beurteilungen, bei Korrekturen, in Zeugnissen zählen letztlich Fehler und Defizite, auch wenn es zunächst anders beschrieben wird.

Im Vorfeld von großen Veränderungen in der Schule können wir Lehrer mit unseren Schülern neue Denkweisen erproben, die „Dinge zusammenzaubern" (von Foerster 1994), und damit neue Erfahrungen ermöglichen, die zu neuem Tun führen. Wir können unseren Blick auf so vieles richten, was in unserer Betrachtungsweise bisher noch weit gehend voneinander getrennt bleibt: auf das soziale Feld einer Klasse und seine besonderen Kräfte, auf die wechselseitigen Kräfte, die zwischen einzelnen Kindern sowie zwischen einzelnen Kindern und der gesamten Klasse wirken, darauf, wie das zu erlernende Wissensgebiet auf die Kinder wirkt und wie die Kräfte der

EVANGELISCHE AKADEMIE
ARNOLDSHAIN

Anmeldung zur Tagung

Thema der Tagung

Tagungsnummer

in

vom / bis

Name

Beruf

Jahrgang

Vorname

Straße

Postleitzahl / Ort

Telefon

Telefax

eMail

Anreise am ______________ Abreise am ______________

☐ mit Bus 505 ab Bad Homburg ☐ mit PKW

Gewünschte Unterbringung

☐ Einzelzimmer (soweit vorhanden) ☐ Doppelzimmer

☐ ohne Quartier ☐ mit Verpflegung ☐ ohne Verpflegung

☐ Ich wünsche vegetarische Kost

Datum/Unterschrift

Ich wünsche folgende besondere
Hilfe(n):

bitte
freimachen

Postkarte

Evangelische Akademie
Arnoldshain
Im Eichwaldsfeld 3

61389 Schmitten

Kinder oder deren Phantasie und Vorwissen auf das zu erlernende Wissen zurückwirken, ganz zu schweigen von der Wechselwirkung des Körpergefühls unserer Kinder in dieser erzwungenen Ruhe auf ihre Wahrnehmungsmöglichkeit und Lernfähigkeit und umgekehrt. Natürlich sehen wir dann auch auf die besonderen Fähigkeiten des Lehrers in den unterschiedlichen Fächern und Klassen.

In Lehrern und Schülern ruhen noch viele Kräfte, die auf diese Weise freigesetzt würden. In der Erweiterung dieser Wahrnehmungskontexte würden wir den Unterricht und die Schule neu sehen, Schüler könnten unbewusste, bereits vorhandene Wissenspotenziale entdecken und nutzen (Arbeit mit Imagination im Unterricht), ihre Lernfähigkeit und Motivation, ihre Tagesrhythmen neu erleben und den Unterricht entsprechend gestalten.

Das alles und noch viel mehr würde dann zum „Wirkfeld" Schule gehören. Dabei haben wir noch gar nicht darüber gesprochen, welche Wirkung sich durch die Schule auf die Elternhäuser ergibt und mit welchen Kräften die Eltern ihrerseits durch ihr Kind die Schulklasse, den Lehrer, die ganze Schule beeinflussen und welchen Einfluss eine Schule, in der junge Menschen mit Freude und Achtung leben und lernen, auf die Gesellschaft hat. Von Foerster zitiert im oben angegebenen Vortrag auch Bateson, den die Form der Verbindungsmuster von Dingen, die ich hier angesprochen habe, so sehr interessierte. Bateson, ein Biologe, spricht dabei über Krebse, über Hummer, über Orchideen, über Primeln, über alles mögliche andere und ist ausschließlich an dem Muster interessiert, das sie untereinander und mit uns verbindet („the pattern which connects").

4. Die Gestaltung des Schulalltags aus systemischer Sicht

4.1 Die Übertragung wesentlicher Merkmale systemischen Denkens in den Unterricht

Ohne es zu merken, wandelten sich nach und nach meine Gedanken über die Gestaltung des Schulalltags. Dabei beeinflussten mich auch einige wesentliche Grundannahmen der Heidelberger Schule, die ich in einer dreijährigen Ausbildung am Heidelberger Institut für systemische Forschung, Therapie und Beratung kennen lernte.

„1. Verhaltensmuster können verändert werden; veränderte Verhaltensmuster verändern Beziehungen.
2. Es gibt zu starre und zu weiche Beziehungsrealitäten.
3. Familien haben eigene Landkarten der Weltdeutung (zum Beispiel: Die Umwelt ist feindlich gesinnt) und Landkarten des Verhaltens (zum Beispiel: Man geht nie auf andere zu)" (Madelung 1996, S. 159–160).

Diese Grundannahmen waren mir nützlich bei der Reflexion über die Klasse und Fragen nach der Wirkung einzelner Schüler auf die Klasse. Ferner gaben sie mir auch Hilfen beim Nachdenken über meinen eigenen Führungsstil. Schaffe ich in der Klasse zu starre oder zu weiche Beziehungsrealitäten? Findet der einzelne Schüler Halt und Grenzen innerhalb derer er sich entwickeln kann? Oder sind die von mir gesetzten Regeln zu starr, sodass die Schüler sich in den Widerstand zurückziehen, sich nicht entwickeln können? Schöpfe ich innerhalb der Klasse mit den Kindern den durch die Schulordnung gegebenen Freiheitsrahmen aus? Welche Vorstellungen von Realität bringen die Schüler mit, wie überlagern sich ihre Konzepte von der Wirklichkeit, die sie vom Elternhaus mitbringen? Nach welchen unterschiedlichen Spielregeln richten sich Schüler? Gibt es einen Gesamtkonsens, eine Spielregel für alle, oder ist es möglich, dass in einer Klassengemeinschaft oder Schule mehrere Spielregeln nebeneinander bestehen? Bald hatte ich erkannt, dass sich Kinder auch in den Klassen nach ihren familiären Landkarten richten. Änderungen zeichneten sich ab, je mehr eine Klasse zu einem eigenen lebendigen System geworden war und dem Kind neue Weltdeutungen und anderes Verhalten in ihrem Feld ermöglichte.

Diese Gedanken führten mich neben der Selbstreflexion über meine Rolle als Lehrerin und meinen Führungsstil zum Nachdenken über einzelne Schüler und bald auch zu bestimmten Handlungsweisen und zu neuen Ideen im Unterricht (siehe unter anderem: Prozentleiste, Kap. 2.10).

4.2 Der Alltag – Beispiele aus dem Unterricht unter systemischer Sicht

Der Unterrichtsbeginn

Je länger ich unterrichtete, desto mehr Wert legte ich auf die gute Form, den Beginn und das Ende des Unterrichts. Dazu gehört auch die Zeit vor dem Unterricht.

Es war für mich persönlich ein großer Verzicht, das vertraute Gespräch mit den Kollegen im Lehrerzimmer zu versäumen, wenn ich mich 25 Minuten vor Unterrichtsbeginn im Klassenzimmer einfand. Die Kinder hatten bald herausgefunden, dass ich früh im Klassenzimmer saß, so kamen sie auch, und ich begann mit der Durchsicht der schriftlichen Hausaufgaben. Das kleine Völkchen drückte sich um mein Pult herum, drängelte und puffte sich – kurzum: Die Gruppe erlebte sich vor Beginn des Unterrichts als ein Ganzes körperlich. Dabei konnte ich jene, die sich bei den Hausaufgaben sehr bemüht hatten, anerkennen, aber auch jene, die sich mit schlechtem Gewissen durchmogeln wollten, wenn sie keine Hausaufgaben gemacht hatten, zur Verantwortung ziehen. Um acht Uhr war zumeist alles bereinigt, jedes Kind hatte für diesen Tag gute Startmöglichkeiten, wir waren in „Tuchfühlung".

Gesten und Lernen, ohne zu lernen

Bei den 11- bis 13-Jährigen sangen wir vor dem Unterricht, oder ein Gedicht wurde aufgesagt. Dabei begleitete uns das ganze Jahr hindurch die Frage nach der Wirkung von einleitenden Gesten, die mehr ausdrücken als viele Worte, so wie die Kinder das beim Familienspiel erlebt hatten. Da ist die Verneigung, der einfache Dank, das Ineinanderlegen der Hände mit leichter Verneigung, wie es die türkischen und indischen Kinder kennen, oder das achtungsvolle Beiseitetreten und das gleichzeitige mit einer Hand auf die Gruppe Hinweisen.

Am Morgen also gab es immer zwei bis drei Kinder, die sich stellvertretend für alle vor der Klasse leicht verneigten. Dabei entfaltete sich spürbar im gesamten Klassengefühl das Bewusstsein für Achtung voreinander. Ein Kind sprach nur den Titel und vielleicht die ersten zwei Zeilen des gerade zu lernenden Gedichtes. Das genügte mir immer, aber der Klasse nicht. Andere Kinder meldeten sich und rezitierten einen oder mehrere Verse weiter. Bis zum Ende der Woche konnten alle Kinder das Gedicht, wenn es nicht zu lang war, auf diese Weise auswendig. In manchen Klassen war es direkt zum Sport geworden, Gedichte zu lernen, ohne die übliche Anstrengung des Lernens. Das hatte sich bald in der Schule herumgesprochen, und manchmal fragten mich neue Schüler, ob das wahr sei, dass man bei mir Gedichte lernen kann, nur durch Verneigung vor der Klasse. „Ja", sagte ich dann, „du wirst es selbst erleben."

Neues Denken löst Argwohn aus

Ohne es vorher jemandem zu sagen, begann ich einmal mit meiner Klasse am ersten Tag des Monats, auf jedem Schulflur Lieder der Jahreszeit zu singen. Da öffneten sich wie von selbst mehrere Klassenzimmertüren, Schularbeiten wurden unterbrochen, für fünf Minuten trat meine Klasse mit ihren Liedern an alle Klassen heran, eine kurze Verbindung, die andere Arbeiten unterbrach. Unsere Darbietung war als eine Überraschung gedacht, die andere Klassen anstiften sollte, eigene Beiträge zur gemeinschaftlichen Gestaltung des Schulalltags beizusteuern.

So freudig die Schulklassen diese kleine Unterbrechung aufgenommen hatten, es gab doch auch ein wenig Ärger wegen uns: Die Schulleiterin wollte vorher gefragt sein, und ich hatte es unterlassen. „Das war eine Regelverletzung, wenn auch noch so liebenswürdig, denn Herr im Hause bin noch immer ich", erklärte sie. Ich stimmte ihr zu. Einmal sagte sie sogar zu mir: „Sie denken in vielen Situationen so anders, sind Sie in einer Sekte?" Gemeint war natürlich meine systemische Sicht, mit der ich bereit war, Kontexte einzubeziehen, Familien zu achten, Umdeutungen einer Situation zuzulassen. Doch blieb sie mir freundlich gesonnen, weil sie merkte, dass ich sie als Rektorin achtete.

Verwandeln von Betrachtungskontexten

Im Rahmen unserer Arbeit mit Imagination (siehe auch S. 119) gelang es uns zunehmend, festgeschriebene „Unfähigkeiten" von Kindern in neue Betrachtungskontexte zu stellen. Dadurch minderte sich oft der Druck auf das Kind, und es konnte seine Leistungen steigern.

Auch die eingangs (S. 8) geschilderte Übung zum Schnellrechnen mit und ohne Beziehungskontext verhilft den Kindern zu einer Verlagerung ihrer Ziele. Ging es früher um Wettbewerb und Bestleistung, so verschiebt sich in dieser Übung der Schwerpunkt auf die Fragen: Mit wem kann ich gut rechnen? Hilft diese Übung auch schwachen Kindern?

Bei Kindern mit auffälliger Rechtschreib- oder Rechenschwäche sorgte ich dafür, dass sie aufhörten, für dieses Fach gesondert zu üben. Ich sagte ihnen, sie brauchten das nicht. Sie würden es können, müssten allerdings ganz etwas anderes lernen, nämlich wie sich die Freude darüber anfühlt, wenn man etwas kann. Dann sprachen wir über alles, was sie gut können: Fußballspielen, Malen, Reiten und was Stadtkinder sich eben an besonderen Fähigkeiten aneignen. Ich versicherte ihnen: „Je öfter du die Freude beim Reiten, Tanzen, Malen, Fußballspielen bewusst spürst, desto besser kannst du rechnen oder rechtschreiben." Die Kinder verstanden das sofort und freuten sich über so manche unerwarteten Erfolge.

Ein Junge hatte eine solche Rechtschreibschwäche, dass sein Diktat bereits nach der ersten Zeile zu Ende war. Er begann in ordentlich großer Schrift, dann wurden die Buchstaben immer kleiner, und er beendete die Zeile mit unleserlichen Krakeln. Ich sagte ihm, er könne sicher ganz normal rechtschreiben, wie andere Kinder auch, er wisse das nur noch nicht. Er solle darauf achten, wirklich groß zu schreiben. Wenn er weiterhin bei seiner großen Schrift bliebe, wie bei den ersten Worten des Diktats, würde er normale Leistungen im Rechtschreiben aufweisen. Er staunte und war zunächst auch etwas böse darüber, weil ich ihm nicht glaubte, dass er Legastheniker sei.

Das hatte ihm nämlich der Schulpsychologe attestiert, und seine Oma wolle ihn in den Legasthenikerkurs bringen. Ich meinte, es läge trotzdem am Schreiben mit großer Schrift und er habe nur dann alle Merkmale eines Legasthenikers, wenn er klein schreibe. Schon beim nächsten Diktat gab er ein Blatt mit zehn groß geschriebenen Zeilen ab, erst dann hörte er auf zu schreiben. Die Fehlerquote entsprach dem Durchschnitt. Als ich ihm sagte, dass er von nun an selbst bestimmen könne, wie viel er von dem Diktat mitschreiben würde, gab es ein kleines Blitzen in seinen Augen. Nach einem weiteren Monat entschloss er sich, normal mitzuschreiben und hatte auch bald eine Drei.

Diese Erfahrung machte mich zunehmend sicherer in der Annahme, dass die meisten Kinder ohnehin alles können, was sie lernen müssen, und dass sie einen gewissen Freiheitsspielraum spüren möchten, ihre Fähigkeiten einzusetzen oder eben nicht, wie hier dieser Junge. Ich sagte ihm nicht, er solle besser rechtschreiben, sondern nur, dass er es wirklich könne.

Die Muttersprache bewahren

Ähnliche Erfahrungen machte ich mit den ausländischen Kindern, die Schwierigkeiten im Erlernen der Sprache hatten. Ich bat die Eltern, ihre Kinder konsequent in den muttersprachlichen Unterricht zu schicken, auch wenn sie zu Hause mit ihnen in ihrer Sprache sprächen. Manchmal glaubten ausländische Eltern, es sei besser für die Kinder, das Türkische, Serbische langsam zu vergessen und stattdessen Deutsch zu lernen. Das Gegenteil ist der Fall. Die ersten, intimsten Gefühle und Wahrnehmungen erlebt ein Kind doch im Zusammenhang mit dem Erwerb seiner Muttersprache. Unbewusst schwingen sie bei uns allen mit, während wir sprechen. So wäre das Vergessen der Muttersprache ein Abschneiden von der frühen Gefühlswelt, das Verkümmern der Sprachfähigkeit mitunter ein Steckenbleiben in kindlichen Gefühlen (siehe auch die Geschichte des afrikanischen Jungen S. 23). Die sich entwickelnde Gefühlswelt bleibt lange Zeit an die Muttersprache gebunden und ist nicht ohne weiteres auf die neue Sprache übertragbar. Also ließ ich die Kinder vor der Klasse serbische Kinderlieder aufsagen, kleine türkische Texte und Kinderreime vorlesen. Das machte ihnen zunächst Schwierigkeiten, sie schienen sich zu schämen. Auch wenn ich sie manchmal fragte: „Wie sagst du es jetzt deiner Mutter auf Kroatisch, dass du heute Nachmittag Leichtathletik hast?" An ihrem Stammeln merkte ich, wie abgetrennt der Bereich Schule durch die andere Sprache von ihrem Gefühl für ihr familiäres Leben oft war. Also sagte ich ihnen: „Deutsch müsst ihr nicht extra lernen, es kommt von selbst zu euch, wenn ihr euch wohl fühlt in eurer Muttersprache. Sie ist und bleibt eure erste Sprache." Nebenbei beneidete ich sie um ihre Erfahrung mit der Zweisprachigkeit.

Eselsohren

Einmal hatte ich einen Schüler, dem fiel es schwer, seine Hefte und Bücher in Ordnung zu halten. Die Einbände waren nach einem Monat zerrissen, alle Hefte hatten umgeknickte oder eingerissene Ecken – Eselsohren, wie wir sie nannten. Natürlich gab es auch eine Menge Tintenflecken, von den unvollständigen Hausaufgaben ganz zu schweigen. Das Schwierigste jedoch war, dass dieser Schüler noch sehr kindlich und empfindsam auf jeglichen Tadel reagierte. So sagte ich lange Zeit nichts. Das war aber nicht gut, denn eines Tages hatte ich einen Ausbruch, der Zustand seiner Schulsachen regte mich auf. Ich warf sein Heft auf die Bank und schimpfte laut über die penetranten Eselsohren. Sicher hatte er begriffen, dass ich für neue, unkonventionelle Lösungen empfänglich war. Am nächsten Tag stand er treuherzig an meinem Pult, mit einem Stapel Hefte, die er mir strahlend zeigte. „Meine Hefte haben keine Eselsohren mehr, Frau Franke", meinte er. Er hatte sie alle mit einer Schere abgeschnitten!

Die Prozentleiste

Eine weitere Anwendung der Erkenntnisse, wie innerhalb eines Systems alle Kräfte immer wieder den Ausgleich suchen, ist die Verwendung der Prozentleiste. Sie eignet sich z. B. bei Fragen der Selbsteinschätzung von Schülern in Bezug auf ein bestimmtes Verhalten.

In einer Klasse war ein Schüler, der unordentliche, schlampig geschriebene Hefte hatte, seine Hausaufgaben selten vollständig brachte, nicht lernte und unzuverlässig war. An seinen eingestreuten Zwischenbemerkungen erkannte ich seine hohe Intelligenz. Doch er bestand darauf, chaotisch zu sein. „Ich liebe das Chaos, Frau Franke", sagte er einmal ganz theatralisch.

So gab ich ihm eines Tages einen Platz an der Seitentafel für seine „Leiste". „O. K.", sagte ich, „du willst chaotisch sein, und deine Eltern und ich möchten von dir, dass du Ordnung hältst."

Hier bekommst du die Leiste zwischen Chaos und Ordnung. Da ich weiß, dass du weder das eine noch das andere ganz schaffst, bitte ich dich, täglich deine Selbsteinschätzung einzutragen, über einige Wochen lang."

CH (Chaos) ——————■—————————— O (Ordnung)

So markierte der Junge täglich, wo er sich zwischen diesen beiden Befindlichkeiten gerade erlebte. Es war ihm bald nicht mehr wichtig, dass er sich, wie zu Anfang behauptet, ständig bei Chaos aufhielt. Vielmehr wurde ein Bewusstseinsprozess in Gang gesetzt, der es ihm in Ruhe ermöglichte, über seine Befindlichkeit zwischen diesen Extremen nachzudenken und darüber zu staunen, wie er von Tag zu Tag schwankte, und herauszufinden, ob es Ereignisse in der Klasse, ein Verhalten zu Hause, beim Spielen oder andere Gründe gab, die zur Folge hatten, dass er sich mehr bei Ordnung oder mehr bei Chaos einordnete. Dieser Schüler erkannte mit seinen elf Jahren ganz selbstständig, dass er an den Schultagen, die auf arbeitsfreie Tage seiner Mutter folgten, eher bei O stand, während er, wenn die Mutter tags zuvor arbeitete und er mehr vor dem Fernseher saß oder auf der Straße herumlief, am nächsten Tag näher zu CH kam. Dieses ruhige, untersuchende Interesse ermöglichte ihm, sich über seine inneren Abläufe Gedanken zu machen.

Die Kinder entwickelten von selbst viele Begriffspaare, die sie auf Leisten einander zuordneten und in ihre Hefte zeichneten. Ein regelmäßiger gemeinsamer Termin von zwei bis drei Minuten ermöglichte ihnen ihre tägliche Standortbestimmung (traurig – gut gelaunt / arbeitswillig – unwillig / streitlustig – kameradschaftlich und andere Paare).

In den bereits mehrfach zitierten Deutschstunden am Freitag berichteten die Kinder immer wieder über ihre Erkenntnisse, die sie aus der Beschäftigung mit dieser Leiste zogen.

Wenn Werte sich ändern

Im Zusammenhang damit sprachen wir auch darüber, was passiert, wenn Werte maximiert werden: z. B., wenn sie mehr Taschengeld bekämen, wenn der Vater mehr verdiente, wenn die Mutter mehr zu Hause wäre, wenn sie selbst fleißiger oder fauler wären. Dabei sollten die Kinder einfach herausfinden, welche Werte weniger, welche mehr würden, welche verloren gingen.

Sie erkannten natürlich, wenn sie mehr Taschengeld bekämen, würden sie mehr ausgeben für unnötige Dinge, müssten überhaupt mehr über Geld nachdenken; wenn Vater mehr verdienen würde, müsste er vermutlich mehr arbeiten, wäre weniger zu Hause. Wer würde sich darüber freuen, wer nicht? Auch das erkannten sie: Wenn sich in der Familie zu Gunsten eines Familienmitglieds etwas ändert, freuen sich nicht alle mit. Meist zahlt jemand auch einen Preis, manchmal sogar der, der die Freude der Änderung erlebt.

Christian erzählte, dass er begonnen habe, täglich auf seiner neuen Gitarre zu üben. Er nahm sogar Unterricht bei einem 19-jährigen Jungen, den er sehr verehrte. Dieser spielte in einer Band. Einmal listete Christian alles auf, was er für dieses Gitarrespielen seinlassen muss. Da standen Dinge wie: wenig Zeit für Freunde, mein bester Freund ist eifersüchtig, weniger Zeit für Sport und Fernsehen. Hier konnte man sehen, dass sowohl Christian als auch sein Freund einen Preis zahlten.

Von großem Interesse war in jeder Klasse die Frage: Was ist, wenn Mutter außerhalb arbeitet und weniger zu Hause ist? Es gab keine einfache Antwort. Die Kinder wussten über viele Facetten des Problems Bescheid. Die Antwortliste auf unserer Tafel reichte einmal von: „Dann wäre alles schöner zu Hause“ über „Dann müsste ich viel mehr im Haushalt arbeiten“ und „Ich könnte mehr fernsehen“ und „Dann wäre Mutter zufriedener“ bis „Ich müsste selbst mehr Verantwortung für mich übernehmen, weil Mutter mich nicht mehr an die Arbeit treiben würde“. Es gab aber auch die Frage nach der gegenteiligen Entwicklung: Was ist, wenn Mutter wieder mehr zu Hause ist, weil sie weniger arbeitet? Auch hier erkannten die Kinder für sich und ihre Väter die Vor- und die Nachteile. Diese Tabellen haben mich oft gerührt, zeigten sie doch, welchen Einblick die Kinder in die Vielschichtigkeit ihres Familienlebens haben.

Auch die Frage „Was ist, wenn ich noch mehr fernsehe“ brachte wichtige Meinungen zutage: „Ich habe keine Zeit mehr für meine Freunde“, „Ich habe keine Lust mehr, nach draußen zu gehen“, „Ich mache meine Hausaufgaben nicht“, „Mutter schimpft mehr“, „Ich verliere den Kontakt zu meinen Geschwistern“, „Meine körperliche

Kondition wird schlechter", „Ich kann in der Schule und bei meinen Kameraden mehr mitreden", „Ich werde für die anderen interessanter", um nur einige Antworten hier wiederzugeben.

Das Mobile

Im Zusammenhang mit der Frage nach der Änderung von Werten – seien sie von einem selbst oder von außen herbeigeführt – regte ich die Kinder an, gemeinsam ein großes Mobile herzustellen, das wir später aufhängten. Das Mobile bestand aus 23 Figuren für die Schüler und sieben Symbolen für alle unterrichtenden Lehrer, sie unterschieden sich in Größe und Farbe deutlich.

Es machte den Kindern Freude, die Figürchen je nach Freundschaften an gebogene Rundhölzer zu binden. Ein Plan des gesamten Mobiles wurde zuerst an die Tafel gezeichnet. Auch die Entscheidung, welche Fachlehrer miteinander an einem Rundholz ihr Symbol bekommen sollten, war ein spannender Prozess. Dieses Mobile erfreute sich großer Beliebtheit. Jeder konnte sein Figürchen anstoßen oder anblasen und beobachten, auf welche Weise im Mobile andere Figürchen dadurch in Bewegung gerieten oder gar bei stärkerem Anstoßen das ganze Mobile reagierte oder die etwas größeren Symbole einzelner Lehrer sich bewegten. Jedes Kind hatte sich sein Figürchen gemerkt, und es gab einen sinnlichen Eindruck davon, was passiert, wenn hier einer etwas ändert.

Später fand ich dieses Bild als Definition systemischen Geschehens in einem Buch wieder (Molnar u. Lindquist 1997):

„Ändert man sich selbst in seinem Denken und Handeln, so ändert sich auch die Beziehung zum anderen, der ein problematisches Verhalten zeigt – dies wiederum hat Auswirkungen auf das Verhalten selbst –, so wie bei einem Mobile, wo ein Impuls an einem Element zu – oft überraschenden – Veränderungen der Beziehungen im Gesamtsystem anregt."

Die Kinder hatten diesen Satz schon verstanden, obwohl sie ihn nicht hätten verstehen können, wenn ich ihn vorgelesen hätte.

Nachdenken über die Wahrheit

Es gab viele Anlässe, bei denen ich, wie geschildert, Sachverhalte in andere Erklärungskontexte stellte, und plötzlich waren Kinder, wie beschrieben, rehabilitiert oder befähigt, etwas zu leisten, was sie vorher nicht konnten.

Diese sich wandelnde Beurteilung einer Sache, indem man den Betrachtungskontext erweiterte, brachte uns mehrmals auf das Thema Wahrheit. Das Bilderbuch *Zoom* (Banyai 1995) – ich nannte es systemisches Lehrbuch für Analphabeten – bereitete den Kindern helle Freude. Sie merkten, dass sie den Kern der Mitteilung verstanden hatten, nämlich dass man die Wahrheit veränderte, indem man sie aus unterschiedlichsten Blickwinkeln, in unterschiedlichsten Zusammenhängen darstellte, Teile des Kontextes ausließ, andere überzeichnete. Wir nahmen uns kleine Erlebnisse vor, über die sie berichteten. Zum Beispiel: Phillip hat auf dem Schlittenberg seinen Schlitten zerbrochen. Er möchte an diesem Nachmittag mit seinen Kameraden zusammenbleiben und kauft sich für teures Taschengeld einen alten Autoreifen, mit dem er weiterhin den Schlittenhang hinunterfahren kann. Wie sagt er es seinem Vater, der Mutter, seinem Freund, seinem Sitznachbarn? Hintereinander durften verschiedene Kinder diese Geschichte jemand anderem erzählen. Wie unterschiedlich die Versionen ausfielen! Logen sie dann, wenn sie mal die eine, mal die andere Information wegließen oder betonten? Ist die Wahrheit immer gleich, oder verändert sie sich, je nachdem, wem man sie erzählt oder auch von Tag zu Tag?

Verändert sich die Wahrheit durch den Menschen, dem man sie erzählt? Warum erzählt man eigentlich verschiedenen Menschen die Wahrheit so unterschiedlich?

Diese Fragen gefielen den Kindern. Sie spürten bald, dass sie nicht nur (aber natürlich auch!) mit einem guten oder schlechten Gewissen zusammenhängen oder dass man vor seinen Kameraden, dem Vater, der Mutter besser dastehen möchte und mutwillig die Teilwahrheit erzählt. Sie wussten, dass sich zwischen ihnen und dem Vater oder der Mutter ein völlig anderes Feld erstellte, als zwischen ihnen und einer Freundin, einem Freund, einem Lehrer. Und darauf kam es an. Dieses Feld zwischen Menschen „färbt dann die Wahrheit ein", wie ein Mädchen einmal bemerkte.

Projektarbeit

Der gute innere Zusammenhalt in den Klassen, in denen ich auf verschiedenste Weise systemisch gearbeitet hatte, brachte eine hohe Motivation für Gemeinschaftsprojekte hervor. Die Schüler waren zunehmend motiviert, das Klassenzimmer, das nur zweimal wöchentlich geputzt wurde, regelmäßig zu kehren, ohne dass ich dabei eingreifen musste. Sie brachten Topfpflanzen, pflegten sie und nahmen sie in den Ferien wieder mit nach Hause. Angeregt auch durch eine Schülerin, die von einer Montessori-Schule gekommen war, brachten sie zunehmend mehr Dinge aus ihrem Alltag von zu Hause mit: Zeitungsausschnitte, Pflanzenstecklinge, Bilder, die ihnen gefielen und vieles andere mehr.

Es verging kaum ein Monat, in dem wir nicht an einem größeren Vorhaben arbeiteten. Das beinhaltete natürlich, dass sie bereit waren, den im Lehrplan stehenden Stoff (ich gab ihnen regelmäßig Kopien davon) in kürzerer Zeit zu lernen. Und ich war bereit, wo ich es verantworten konnte, den Stoff ein wenig zu kürzen. Einmal drehten wir einen Film über Schüler und Drogen. Die Idee kam aus der Klasse, als in der Schule ein neuer Schüler Drogen in einem Kistchen unter einer Hecke versteckt hatte und versuchte, einzelnen Kameraden erst etwas zu schenken und dann zu verkaufen. Dabei war er aufgeflogen. Natürlich sprachen wir aus diesem Anlass über verschiedene Drogen, ihre Wirkungen und die Folgen des Drogenkonsums einzelner Schüler und Schülerinnen auf uns. Da hatten die Kinder die Idee, einen Film zu drehen und dachten sich eine gute Geschichte aus. Ein Schüler machte einen Rohschnitt mit einem Videorekorder, wir brachten sogar Musik auf die Tonspur und gestalteten einen Vorspann. Der Film dauerte zehn Minuten, und wir bekamen Applaus, als wir ihn in einigen anderen Klassen vorführten. Ein anderes Mal bereiteten wir einen Lieder- und Gedichtabend für die Eltern vor, mit Gedichten und Liedern der Jahreszeit, vor allem aber mit lustigen Gedichten. Einige Kinder machten dazu Pantomime, zeigten große Bilder, die sie auf Packpapier gemalt hatten oder verkleideten sich. Einen Monat später bekamen die Eltern diesen Gedichtband, von Hand geschrieben und selbst gebunden, geschenkt. Die Lehrerin für Werken hatte mit den Kindern eine Technik erarbeitet, sodass jedes einen schönen Einband gestaltete.

Ein Projekt ist mir noch sehr in Erinnerung, weil die Kinder hier selbst erlebten, wie schnell Werte sich wandeln.

Ein ökologisches Projekt

Am Beginn der neunziger Jahre dachten bereits viele Menschen, auch Betriebe, über ökologische Bedingungen unserer Erde nach, über leicht zu trennende und wieder verwertbare Materialien, über giftige Verpackungen und solche Stoffe, die kompostierbar sind. Im Rahmen eines kleinen Klassenprojekts hatten meine Schülerinnen und Schüler einer 5. Klasse erkannt, dass ausgerechnet in der Schule über diese Fragen noch nicht nachgedacht wird. Wir listeten alle Schulmaterialien auf, die zu Gift- oder Sondermüll zählten und nach wie vor von den Lehrern verlangt wurden.

Wir sprachen über Plastikordner, Klarsichthüllen, Plastikeinbände für Hefte und Bücher, über giftige Filzstifte, Füllerpatronen und Tintenkiller. Die Kinder ließen sich vom staatlichen Schulamt Zahlen geben, wie viele Schüler insgesamt in allen Grund- und Hauptschulen, in Real-, Handels- und Wirtschaftsschulen, in Sonderschulen und Berufsschulen sitzen. Wir sprachen darüber, wie viele Patronen ein Schüler pro Woche für seinen Füller benötigt, wie viele das bezogen auf unsere Schule mit ihren 350 Schülern sind und welchen Raum diese entsorgten leeren Patronen pro Jahr benötigten. Dann rechneten wir hoch auf die Gesamtschülerzahl für München. Die Zahlen erinnere ich nicht mehr, weiß jedoch noch, dass allein dieser kleine Sondermüll bestehend aus leeren Füllerpatronen einen Raum von mehr als zwei mittelgroßen Klassenzimmern verdrängt. Sofort waren die Kinder bereit, sich auf recycelbare Materialien einzulassen. Sie wollten ihre Bücher wieder mit Packpapier einbinden wie früher. Dafür nahmen wir uns extra eine Stunde Zeit, damit jedes Kind lernen konnte, wie ein Buch eingebunden wird. Für die Hefte kauften wir Papiereinbände auf Vorrat, sodass jeder unbrauchbare Plastikeinband durch einen Papiereinband ersetzt werden konnte. Die Kinder sammelten Artikel über Recycling aus Zeitungen und Zeitschriften und stellten sie aus. Sie erkundigten sich darüber, ob das für Schulartikel verwendete Plastik giftfrei verbrennt. Auch über die damals noch sehr giftigen Filzstifte und Tintenkiller holten sie Erkundigungen ein. Wir einigten uns wieder auf normale Holzfarbstifte. Schwerer war es mit den Tintenkillern. Nicht alle wollten es wagen, ihre Fehler einzugestehen, sie durchzustreichen und das Richtige daneben zu schreiben. Erst als ich ihnen sagte, dass es eine größere Kunst sei, zu einem Fehler zu stehen und ihn sichtbar zu lassen, als ihn mit Tintenkiller zu vertuschen, willigten auch die ein, die ihre Hefte nur „schön" haben wollten. Es war ein wichtiger Schritt, vom Ideal eines perfekt geschriebenen Heftes, eines uneingestandenen Fehlers abzurücken und einfach bei der Wahrheit zu bleiben.

Einige Schüler gingen als Abordnung in andere Klassen, berichteten über unser Projekt und wollten die anderen Kinder motivieren, sich unserem Vorhaben anzuschließen. Es gab eine heftige Diskussion im Lehrerzimmer. Viele Kollegen erinnerten sich an die schlampigen Papierumschläge von Büchern und Heften in früheren Jahren, eine Quelle ständigen Ärgers, und wollten nicht mehr in die „Steinzeit" zurückkehren, wie sie sich ausdrückten. Auch von den ständig abgebrochenen Holzfarbstiften und dem ewigen Anspitzen hatten sie genug. In der Klasse hatten wir schon vorher darüber gesprochen, dass unser Anliegen nur sein könne, dieses Projekt auf den Weg zu bringen. Es war den Kindern klar: Sie wirkten durch ihr gutes Beispiel, mehr konnten wir nicht tun. Jetzt also war die Sache in Gang gekommen.

In der Halle stellten wir zwei Tonnen auf. In eine Tonne konnte man leere Füllerpatronen hineinwerfen, und man bekam Prospekte von Füllereinsätzen, die man selbst mit Tinte nachfüllen konnte. Wir verschenkten Tintengläser an Klassen, die am Nachfüllen interessiert waren. Meiner Klasse hatte ich ein Ein-Liter-Tintenfass geschenkt, worauf sie sehr stolz waren.

In die andere Tonne kamen alte, zerrissene Plastikeinbände und Plastikhüllen. Im Rahmen einer Klassenfahrt brachten wir einige Wochen später unseren Müll zu einer Sondermülldeponie. Dort zeigte man den Schülern, was hier alles an giftigen Materialien anfällt und wie damit umgegangen wird. Wir haben nicht schlecht gestaunt!

Zunächst dachten wir, wir blieben mit unserem Öko-Anliegen Alleingänger. Es dauerte drei Jahre, bis sich unsere Aktion in dieser Schule und vor allem bei den Lehrern weit gehend durchgesetzt hatte. Als dann im vierten Jahr vom Schulamt ein Aufruf kam, Plastikmaterialien soweit wie möglich zu meiden, Tintenpatronen durch auffüllbare Patronen zu ersetzen, Buch- und Hefteinbände aus Papier zu bevorzugen, die Tintenkiller zu vermeiden und Fehler wieder durchzustreichen und anderes mehr, da kamen die Kinder, mit denen ich damals die Aktion angefangen hatte, zu mir und freuten sich, wie fortschrittlich sie damals schon waren. Sie waren inzwischen schon Neuntklässler geworden.

Grüße an eine Kranke

Hier möchte ich noch von einem kleinen Projekt berichten, das mich sehr berührte, weil es meine Mutter miteinbezog. Als wir in einem Frühjahr besonders viele Gedichte und Lieder gelernt hatten, erzählte ich den Kindern, dass meine Mutter all die Lieder und Gedichte kenne und noch heute auswendig könne, obwohl sie schon 86 Jahre alt sei. Zu dieser Zeit war meine Mutter sehr krank. Ich hatte es den Kindern erzählt. Da kam ein Junge auf die Idee, man könne ihr doch Gedichte auf Tonbandkassetten aufsprechen und ihr handschriftlich ein Gedichtheft dazu anfertigen, so wie wir es im Vorjahr schon für die Eltern gemacht hatten.

Das taten sie dann auch. Wir nahmen die Ethikstunden dafür her, in denen nur der muslimische Teil der Klasse anwesend war und holten jeweils nach Bedarf einzelne Schülerinnen und Schüler aus den gleichzeitig stattfindenden Religionsstunden zur Aufnahme. Die Tonbandaufnahmen der jeweiligen Gedichtvorträge umrahmten die Kinder mit Musik. Am Anfang und zum Schluss sangen sie noch ein Frühlingslied. Einige Mädchen und Jungen, die sehr schön schreiben konnten, gestalteten das Begleitheft. Wie gespannt waren sie alle, als ich die Gaben zu meiner Mutter in die Klinik brachte! Ich berichtete ihnen genau, wie ich ihr den Kopfhörer aufgesetzt hatte, wie sie vor Freunde geweint und alle Gedichte leise mitgesprochen hatte. Und dann hatte ich ihren Dank auch noch auf derselben Kassette aufgenommen, und sie konnten selbst hören, wie meine Mutter mit schon schwacher Stimme alle grüßte und ihnen ausdrückte, welche Freude ihr die Kinder bereitet hatten.

4.3 Konflikte werden gelöst

Die angemessene Haltung kann Konflikte lösen

Zunehmend fanden die Kinder bei Konflikten Freude am Ausprobieren von Lösungsmöglichkeiten.

Für die Lösung kleinerer Konflikte schlug ich ihnen vor, einmal nachzuprüfen, wie es wirkt, wenn sie sich leicht verneigen und sagen: „Es tut mir Leid." Dabei erkannten sie selbst, dass das Wort „Entschuldigung" allein zu billig ist, soll es doch veranlassen, dass der Unschuldige dem Schuldigen die Schuld abnimmt. Ein Schüler sagte einmal: „Dann hat er sie ja doppelt!"

Die Erfahrung, im „normalen" Alltag solche symbolischen Handlungen anzuwenden, bewegte die Kinder sehr. Zunächst dachten sie, das gelänge nur in der Klasse, weil wir damit experimentierten und das Familienspiel spielten. Dann aber hatten sie herausbekommen, dass es wirklich genügte, mit der körperlichen Verneigung und einem knappen Satz etwas Wirksames zu tun, vor allem wenn ein ernst gemeintes „Ich möchte es wieder gutmachen" folgte. Sie ersparten sich bei den Eltern, den Lehrern und auch Freunden mitunter lange Rechtfertigungen, Erklärungen und Beteuerungen. Also begannen sie zu üben. Und sie berichteten darüber.

Die Kinder waren sehr stolz, wenn es ihnen mit dieser ruhigen, achtsamen Haltung und dem kleinen Satz gelungen war, ein Gleichgewicht in der Beziehung wiederherzustellen. Und sie hatten gemerkt, dass es nur wirkt, wenn echte Absicht dahinter steht.

Wann immer eine entsprechende Situation in der Klasse auftauchte, riefen sie: „Verneig dich!", oder einer stand von selbst auf und verneigte sich und bedankte sich selbst mit dieser Haltung.

Das hatte zwei Effekte: In der rituellen Haltung wirkte der Dank, und es war erlaubt, eigene Gefühle der Scham oder Peinlichkeit, auch des vorhandenen Widerstands zu zeigen. Es gab eine machbare Lösung, eine Entlastung im Gefühl, Erleichterung und Freude, wenn die Haltung gelungen war. Die schweren Gefühle verschwanden wie von selbst.

Zu-spät-Kommen

Auch wenn ein Kind zu spät kam, machte es von der formal eingeübten Haltung Gebrauch.

Das Kind kam zu mir vor ans Pult, verneigte sich leicht und sagte: „Es tut mir Leid."

Oft mussten wir auch lachen, weil es nicht stimmte. Dann war das Eis schon gebrochen, und wir suchten gemeinsam den richtigen Satz, zum Beispiel: „Heute war es mir nicht wichtig, rechtzeitig zu kommen" oder „Ich mache jetzt besser eine Ausrede, es tut mir nämlich noch nicht Leid". Dieses „noch nicht" liebten die Kinder sehr, wenn sie spürten, dass sie sich ändern mussten, aber die innere Haltung nicht stimmte, dann war beides drin: die angestrebte Haltung und ihre momentane Wahrheit. Aus dem hypnotherapeutischen ABC wissen wir ja, dass dieses „noch nicht" dabei alsbald unwirksam wird.

Ein Konflikt wird mithilfe von Stellvertretern dargestellt

Auch wenn in systemisch geschulten Klassen die Kinder aufmerksamer miteinander umgingen als Kinder in anderen Klassen, so gab es doch noch genug Konflikte zwischen ihnen, die uns alle erschütterten, den Unterricht behinderten und rascher Lösungen bedurften.

Die Kinder hatten selbst herausgefunden, dass Stellvertreter, die von den Inhalten des Konflikts nichts wussten, gewählt und von den beiden Kontrahenten aufgestellt werden konnten. Die anderen Kinder waren durch diesen Vorgang sehr viel mehr auf die mögliche Lösung orientiert, eine Energie, die sich sonst oft in ausführlichen Schilderungen des Vorfalls und lästiger Parteigängerei in der Suche nach dem Schuldigen erschöpfte. Nun also blickten alle auf die Lösung und sahen zu, wie die beiden Stellvertreter voreinander, weit oder nah, ein wenig im Winkel oder Auge in Auge standen. Wir alle waren es gewohnt zu warten, bis diese größere Stille eintrat.

Einmal hatte ein Junge ein Mädchen aus einer anderen Klasse getreten, und die Schwester des Mädchens, die in unserer Klasse war, hatte ihn dafür blutig gehauen.

Üblicherweise setzte an dieser Stelle eine große Diskussion der gesamten Klasse ein, Meinungen wurden gebildet, weitere Erkundigungen von Augenzeugen eingeholt, der Konflikt blies sich in Kürze zu einer großen Sache auf, an Weiterarbeit war oft nicht zu denken.

Jetzt aber hatten die Streitenden jeweils einen Jungen und ein Mädchen als Stellvertreter gewählt und voreinander aufgestellt. Die Repräsentanten machten nicht den Eindruck, als hätten sie sehr viel gegeneinander. Da sagte der Junge, er habe ja nichts gegen das Mädchen gehabt, nur ihre Schwester habe ihn öfter geärgert. Nun stellte ich eine Stellvertreterin für die Schwester aus der anderen Klasse dazu. Plötzlich entfaltete sich die Dynamik. Das dazugestellte Mädchen sagte, sie würde den Jungen blöd finden und ihn am liebsten ärgern. Da ging der Stellvertreter des Jungen auf sie zu und erhob seine Hand, so als wollte er sie schlagen. Ich trat näher, um sicher zu sein, dass er es nicht tat. Der Junge sagte, er habe jetzt eine große Wut auf das andere Mädchen. So also war die Schlägerei zustande gekommen. Die Stellvertreterin der Schwester trat nun dazwischen und sagte: „Ich verteidige jetzt meine Schwester, ob sie Recht hat oder nicht." Hier siegte die Familiensolidarität vor einer allgemeinen Gerechtigkeit.

Wir hatten den Konflikt, ohne ihn genau zu kennen, noch einmal nachgestellt.

Das Ganze geschah in einer solchen Aufmerksamkeit, dass die Klasse inzwischen vollständig zur Ruhe gekommen war. Dann fragte ich die Einzelnen, was zu tun sei. Die Stellvertreterin des Mädchens aus der anderen Klasse sagte zu dem Jungen: „Es tut mir Leid." Sie verneigte sich leicht. Da streckte der Junge dem Mädchen die Hand zur Versöhnung hin. Sie nahm die Hand und war froh. Das Mädchen, das den Jungen blutig geschlagen hatte, ging auf den Jungen zu und sagte auch: „Es tut mir Leid, ich hab mich von meiner Schwester dazu anstiften lassen."

Ich schlug dem Mädchen vor, dass der Junge sich was von ihr wünschen dürfe, damit er auch sehen konnte, wie Leid es ihr tat. Der Bub nickte mit dem Kopf. Er hatte noch Schmerzen. Nach der nächsten Pause lag eine Süßigkeit auf seinem Platz. Die Sache war behoben.

Es gab dabei immer wieder die Frage, ob man die Kinder aus der anderen Klasse holen solle, sie bei der Konfliktlösung mit einbeziehen. In so einem einfachen Fall war das nicht nötig. Das Mädchen konnte sich ohne Worte ihrer Schwester mitteilen. Sie erzählte am nächsten Tag, dass die Schwester gemeint habe, sie sei auch ungerecht zu dem Jungen gewesen.

An den vielen Konflikten, die wir auf diese Weise gelöst haben, erkannten die Kinder selbst, dass außer einer deutlichen Haltung, etwas wiedergutmachen zu wollen, in den wenigsten Fällen etwas zu tun bleibt. Die genaue Rekonstruktion ohne Worte beruhigt die Klasse. Jeder weiß, welche Haltung für den „Bösewicht" förderlich ist und auch, welche Wiedergutmachungshandlungen angemessen sind. Es war wie eine geheime Wirkkraft im Bewusstsein aller Kinder, die in Kürze die emotionalen Wellen wieder glättete.

Unschuldig schuldig

Einmal stellte ein Junge aus der Klasse einem anderen sehr unglücklich das Bein. Der Betroffene fiel dabei über einen großen Eimer, brach sich die Kniescheibe und musste ins Krankenhaus gebracht, operiert und gegipst werden. Hier lag der Fall klar. Wir sprachen darüber, was man machen könnte, wenn man jemandem etwas zugefügt hatte, was in dieser Dimension nicht beabsichtigt war. Es ging dem

Beinsteller sichtbar schlecht. Ich meinte, vielleicht würde ihm etwas einfallen, was ihn von der Zeit und vom Herzensengagement her so viel kosten würde, dass der Verunglückte sein Bedürfnis, etwas wieder gutzumachen, spürte und dadurch seine unbeabsichtigte Schuld ausgeglichen wäre. Ich bat die Klasse, ihm nichts vorzuschlagen, sondern es seine Sache bleiben zu lassen.

Dieser Junge fuhr zwölf Schultage lang jeden Nachmittag in die Universitätsklinik und brachte dem Unglücksraben die Hausaufgaben. Das hatte er sich selbst ausgedacht und seine Eltern erlaubten die Fahrten, obwohl die Familien, wie die Kinder später erzählten, sich nicht freundlich gesonnen waren. Danach war dieser Familienkonflikt auch beendet, und die Mütter sprachen wieder miteinander.

„Du gehörst zu uns!"

Natürlich gibt es Kinder, die sehr unruhig sind und immer wieder aus der Rolle fallen. Sie ordnen sich durch die prinzipielle Lösungsorientierung alleine nicht in die Klasse oder Schule ein. Wenn es den Schülern in der Klasse dann zu bunt wird, das wissen alle Lehrer, kommen diese Kinder an den Pranger oder auf den „heißen Stuhl", wie das in unserer Schule üblich war, oder die Klasse verlangte einfach Strafe. Manchmal bringen Lehrer ihre Sorgen mit diesen schwierigen Kindern ja auch in die Lehrerkonferenz ein.

Ich wollte beides, wann immer möglich, vermeiden, denn damit geht eine gewisse Stigmatisierung für den Schüler einher.

Einmal hatte ich einen Schüler, der verstand es, Deutsch- und Ethikstunden zu zerstören, er trat Kameraden ans Schienbein, verlangte von den Mädchen „Schutzgelder", d. h., er ließ sich dafür bezahlen, wenn er sie auf dem Nachhauseweg nicht belästigte, er brachte selten ordentliche Hausaufgaben und leistete trotz großer Begabung sehr wenig. Bald war es allen zu viel. Gerade als ich mich entschlossen hatte, seinen Vater anzurufen, kamen die Klassensprecher auf mich zu und verlangten, er müsse auf den „heißen Stuhl" gesetzt werden, damit sie ihm sagen konnten, womit er sie geärgert und gekränkt hatte. Außerdem sollte er die nicht unerheblichen Geldbeträge zurückerstatten. Ich bat die Klassensprecher um einen weiteren Tag Geduld und dachte bei mir: „Auf diesen Stuhl wird der Junge sich nicht setzen, eher wirft er ihn durchs Fenster, oder er läuft weg."

Am nächsten Tag kam der Schüler an mein Pult und jammerte. Er hatte von dem Vorhaben der Klasse gehört und bat mich um Hilfe. Seine Angst vor dem „heißen Stuhl" war groß. Plötzlich erkannte ich die Dynamik, in der dieser Junge sein Grundgefühl, nicht dazuzugehören, ausagierte und sich durch sein Verhalten außerhalb der Gruppe stellte.

Spontan sagte ich zu ihm, ich habe ihm eine Mitteilung zu machen und alle anderen Kinder auch, jeder dasselbe. Die Kinder wussten vom Inhalt der Mitteilung noch nichts.

Ich begann, sehr laut und bestimmt zu ihm zu sprechen: „Rainer, du gehörst zu uns." 22 Kinder wiederholten nun diesen Satz, einer nach dem andern, durch alle Bänke. Es war eine große Stille in der Klasse. Wir kannten diese Stille ja schon, die eintritt, wenn etwas wirklich wird. Rainer weinte und setzte sich dann, ich glaube, zum ersten Mal freiwillig und ohne Aufforderung ruhig an seinen Platz. Wir sprachen nicht mehr darüber, und alle Kinder wussten, dass die Wirkung von selbst eintreten musste. Der Junge nahm die Gelegenheit, änderte sein Verhalten und zahlte die Gelder zurück. Nach wenigen Wochen hatte er sich integriert.

Die Lehrerin setzt das Maß

Ein anderer Junge wollte nicht anerkennen, dass er schlampig geschrieben hatte und mit dieser Hausaufgabe bei mir nicht durchkommen würde. „Das ist doch schön geschrieben, ich weiß gar nicht, was Sie haben", meinte er in einem ziemlich scharfen, anmaßenden Ton. In solchen Fällen vermied ich es, weiterhin auf die Sache einzugehen. Ich meinte: „Ich bin hier die Große und habe das Sagen." Das wollte der Junge aber nicht anerkennen. Da riet ich ihm, wenn er auch so groß sei und das Sagen habe, bei mir am Pult stehen zu bleiben und mit mir meine Arbeit zu machen. Das war sehr ernst gesprochen. Ich wandte mich wieder den anderen Kindern zu, schrieb an der Tafel. Er jedoch stand in meiner Nähe. Ich hatte keine Ahnung, wie das Experiment enden würde und unterrichtete weiter. Nach etwa zehn Minuten sagte er: „Ich setze mich wieder in meine Bank." – „Gehst du wieder unter die Schüler?", fragte ich. Er nickte. Ich gab ihm noch sein Heft zurück, und er brachte ohne Aufforderung am nächsten Tag eine ordentlich geschriebene Version seiner Hausaufgabe.

Schrumpfen auf die richtige Größe – Lösung eines inneren Konflikts

Ein paar Tage später kam ein Mädchen zu mir und sagte: „Ich fühle mich mindestens so groß wie Sie, darf ich neben Ihnen am Pult stehen?" Sie kam heraus und stand einfach neben mir an der Tafel. Einige Schüler kicherten. Dann tauchten wir wieder in unsere Arbeit ein, ich ging zu der einen oder anderen Schülergruppe, sie kam immer mit. Nach zehn Minuten fragte ich sie: „Na, bist du immer noch so groß?" Sie nickte. Sie brauchte lange, bis sie wieder gerne in ihrer Bank saß, und sie stand die ganz Zeit über sehr nahe bei mir.

Zum Hintergrundverständnis möchte ich hinzufügen, dass dieses Mädchen nachmittags drei kleine Schwestern versorgte, während die Mutter arbeitete. Darüber hinaus kaufte sie ein, bereitete das Essen vor, wusch die Wäsche und hängte sie auf. Ihr Vater war krank und konnte nichts tun. Abends, nachdem die Kleinen im Bett lagen, war es dem Mädchen erst möglich, die Aufgaben zu machen. Sie brachte sehr schlechte Leistungen in der Schule, und doch fühlte sie sich groß, größer als die Lehrerin. Ich vermute, dass es ihr neben mir gelang, aus ihrer überzogenen Verantwortungshaltung und dem entsprechenden Lebensgefühl herauszukommen, sich als Schülerin zu fühlen und die Lehrerin als die Große anzunehmen.

Der Vorgang tat ihr sichtlich gut. Unser etwas distanziertes Verhältnis wurde herzlicher. Sie entwickelte zunehmend Freude am Unterricht.

In den letzten zwei Beispielen wird deutlich, wie wohltuend es ist, wenn der Blick auf die zugrunde liegende Ordnung Kinder wieder an ihren angemessenen Platz verweist.

Kreuz und Shahada

Einmal erlebte ich Schüler in einem „Religionsstreit". Das war in der Zeit, als es in Bayern darum ging, ob Kreuze im Klassenzimmer aufgehängt sein müssen und ob sie einen Korpus haben sollten. Ich war froh, dass in der Stadt München kein Geld vorhanden war, um all die vielen einfachen Kreuze gegen solche mit Korpus auszutauschen. Eines Tages hatten die muslimischen Jungen das Kreuz über der Tür während der Pause abgehängt. Nach der Pause hörte ich mir die Beteiligten an. Ein Muslim meinte, er wolle nicht in einem Zimmer sein, in dem ein christliches Kreuz hinge, sein Vater habe das auch gesagt. Da nahm ich Packpapier, Tusche und Federn und fragte, wer von ihnen den Beginn ihres Gebetes „Shahada“ (Es gibt keinen Gott außer Gott) auf Arabisch aufschreiben könne. Zwei Schülerinnen konnten das und schrieben es auf. Später ließ ich sie das Gebet über den Türstock hängen, direkt neben das Kreuz. Die Kinder waren beruhigt. Das sprach sich schnell herum. Es kamen in dieser Zeit eine Reihe von muslimischen Eltern, die mich sprechen wollten. Aber eigentlich wollten sie nur das „Shahada“ neben dem Kreuz sehen. Sie waren sichtlich zufrieden.

4.4 Der Einfluss meiner Lehrer Steve de Shazer und Gunther Schmidt auf meinen Unterricht

Es war Steve de Shazer, ein amerikanischer Kurzzeittherapeut, der mich in vielen oben geschilderten Beispielen beeinflusste. Vor allem seine wirksamen Vorschläge zum Umgang mit Konflikten brachten die Kinder häufig in Erstaunen. De Shazer deutet alle Handlungen, die im Beziehungszusammenhang stehen, als Kooperation, auch wenn wir es Aggression, Ablehnung, Rivalität oder Widerstand nennen würden. Dadurch disqualifiziert sich der Handelnde nicht, sondern bleibt im Beziehungszusammenhang (vgl.: „Du gehörst zu uns!“).

De Shazer ist es bei sich wiederholenden oder lang andauernden Schwierigkeiten wichtig, nach einer Ausnahme zu suchen, in der eine Lösung schon einmal möglich war (zum Beispiel: Erinnere dich an das Gefühl, als du einmal deine Englischvokabeln vollständig gelernt hattest!). Er ist der Meinung, dass es keinen Zusammenhang zwischen den Problemen und den Lösungen gibt.

Er erkannte, wie eine ausführliche Schilderung des Problems nur noch tiefer in die Problemtrance, gemeint ist die Fixierung auf den Konflikt, führt. Er ließe ein Kind, das öfter am Nachmittag die Zeit für seine Hausaufgabe nicht findet, niemals erklären, warum nicht. Er würde dieses Kind im Gespräch nach Zeiten und Umständen befragen, während derer die Hausaufgabe einmal gelungen war, sich Zeiten, auch Plätze in der Wohnung beschreiben lassen, wann beziehungsweise wo die Hausaufgabe gemacht wurde, eventuell unter Einbeziehung der Überlegung, wo zu dem Zeitpunkt Mutter, Vater, die Geschwister sich befanden, natürlich auch wie das Kind sich gefühlt hatte, als die Hausaufgabe fertig war. Wenn das Kind sich an keine gut gelungene Hausaufgabe erinnern könnte, würde er sogar die Wunderfrage stellen: Stell dir vor, ein Wunder geschieht! Du hast plötzlich aus unbegreiflichen Gründen Lust auf deine Hausaufgabe. Wohin würdest du dich setzen? Welches Fach würdest du zuerst in Angriff nehmen? Wäre es eher kurz nach dem Mittagessen oder eher am Spätnachmittag, nach dem Spielen? Wo wären da deine Geschwister, wo Mutter, Vater? Ferner wäre es interessant zu überlegen, wer aus der Familie es als Erster herausbekäme, dass diesmal die Hausaufgabe gemacht ist, was würde er / sie an dir verändert finden? Wer würde sich noch darüber freuen, dass du die Aufgabe gemacht hast? Wem wäre es egal, und wie könntest du an diesem erfolgreichen Hausaufgabentag darüber denken? Diese und viele weiteren Fragen führen zu guten Bildern, sozusagen zu Bildern nach der Lösung, wenn das Wunder geschehen ist. Die Erfahrung hat mir gezeigt, dass diese sowie die anderen Techniken, wir nennen sie auch Hypno(se)techniken, zu Lösungen führen.

Eine weitere Möglichkeit, bei Kindern Erkenntnisprozesse anzustoßen, ist „Das Spiel mit den Unterschieden" (de Shazer 1992). In dem Kapitel „Nachdenken über die Wahrheit" (Kap. 4.2) erkennen die Kinder, wie beim Erzählen und Sprechen über etwas Wirklichkeit entsteht, ja wie unterschiedlich sie wird, je nachdem wem man etwas erzählt.

Auch im Abschnitt „Die Prozentleiste" (Kap. 4.2) wird deutlich, dass es den Kindern durchaus möglich ist, unterschiedliche Meinungen, Absichten und Standpunkte von Eltern, Lehrern oder sich selbst zu benennen.

Von Gunther Schmidt (Hypnotherapeut aus der Gruppe um Helm Stierlin) lernte ich weitere Techniken, wie zum Beispiel das Reframing, bei dem man bestimmte Sachverhalte oder Erfahrungen in einen neuen Zusammenhang stellt (siehe auch Verwandeln von Betrachtungskontexten, S. 81, Imagination S. 118 ff.). Die Kinder wurden in diesem Sinne auch im Alltag mit ihren Umdeutungen äußerst kreativ, vor allem ging es ihnen um die Frage: Was will sie / er denn wirklich? Sie hatten die Botschaft von Bert Hellingers Geschichte: „Der Ausweg" (S. 132) gründlich verstanden. Also statt: „Sie schubst mich extra, um mich zu ärgern", hörte ich manchmal: „Glauben Sie, Frau Franke, die will mehr Kontakt mit mir haben?"

Auch das „Tun als ob", eine Lösungsmöglichkeit für viele schwierige Situationen, ermutigte die Kinder, ihre Aufmerksamkeit auf eine gute Befindlichkeit zu lenken, so als hätten sie ein Problem schon gelöst (vergleiche: Entschuldigung beim Zu-spät-Kommen). Auch Christiane (S. 60) war beruhigt, als sie sich die gute Lösung vorstellte und einer Stimmung vertraute, als ob die Lösung bereits eingetreten wäre.

Wir sprachen des Öfteren darüber, ob es erlaubt ist, so zu tun, als ob die Lösung eingetreten sei, ob wir uns da nur etwas vormachen oder ob wir mit einem neuen Blickwinkel, mit einer neuen Beschreibung dessen, was wir erleben, die Kraft haben, Wirklichkeit zu verändern.

4.5 Vom Organismus Familie zur Organisation Schule

Nachdenken über die Schule

Es gab viele Gelegenheiten, über die Gesetze in Familien zu sprechen, zum Beispiel:

- Dass es Kindern gut geht, denen es gelingt, Vater und Mutter zu achten,
- dass die Älteren vor den Jüngeren kommen,
- dass wir die Familie zu unserem Schutz brauchen und deshalb auch etwas für sie tun,
- dass der mehr zu sagen hat, der mehr für alle tut,
- dass es Liebe und Zusammenhalt auch ohne Leistung gibt (beispielsweise wenn einer krank ist oder einer was Schlimmes angestellt hat),
- dass man als Kind leidet, wenn die Eltern streiten, und ihnen trotzdem nichts befehlen kann.

Den Kindern fielen diese Gesetze beim Nachdenken, nach all ihren Erfahrungen mit dem Familien-Stellen, ganz von selbst ein.

Was ist ein Organismus?

Anlässlich der Frage, ob dieses Zwischenbewusste, das sie in den Familienbildern so ergriffen hatte, auch für sie als Kameraden innerhalb der Klasse gilt, machten wir uns gemeinsam Gedanken über die Schule und ihre Gesetze, später dachten wir uns auch Experimente aus zum Feld, das sich in der Klasse ausbreitet.

Drei bis vier Deutschstunden, die ich dazu in jeder Klasse hielt, nannte ich: „Vom Organismus Familie zur Organisation Schule."

Wir sprachen über lebendige, gewachsene Organismen wie Menschen, Familien, Tiere und Tiergruppen, Rudel, Horden, aber auch Pflanzen, die nur mit bestimmten anderen Pflanzen gedeihen, über Teiche, Wälder und Moore. Die Kinder suchten in ihren Arbeitsgruppen Erscheinungsformen, auf die der Begriff Organismus zutrifft. Daneben fanden sie Kriterien, die für Organisationen gelten. Es war sehr erstaunlich für mich, wie viel sie dazu zu sagen hatten. Da sie ja von sich aus bereits Pläne für die Familienstruktur gezeichnet hatten, begannen sie sofort, Pläne für die Schulstruktur aufzuzeichnen, aber auch Pläne für unsere Klassenstruktur, das waren die interessantesten (darüber mehr an anderer Stelle). Einige Kinder brachten Pläne, auf denen ihr Vater die Struktur der Firma aufgezeichnet hatte, es gab auch einen Plan vom Kinderhort.

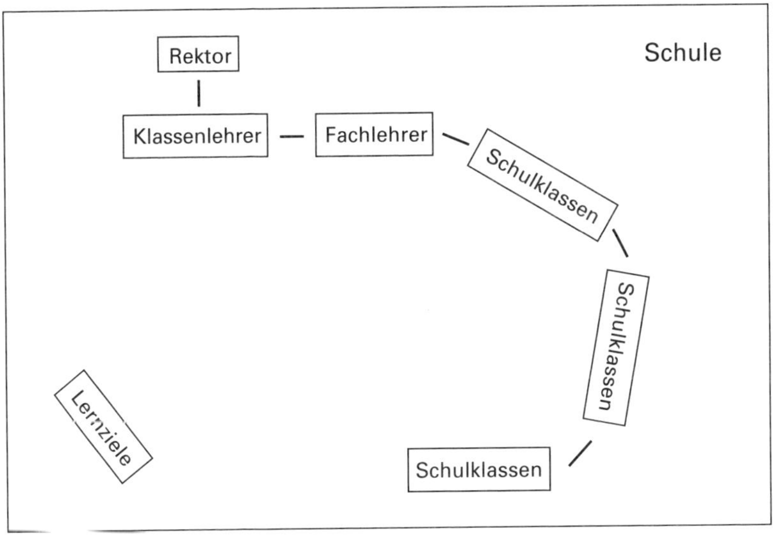

Wir machten uns auch Gedanken darüber, wo der Schulrat, der Konrektor, der Hausmeister, die Sekretärin, die Reinigungsfrauen stehen.

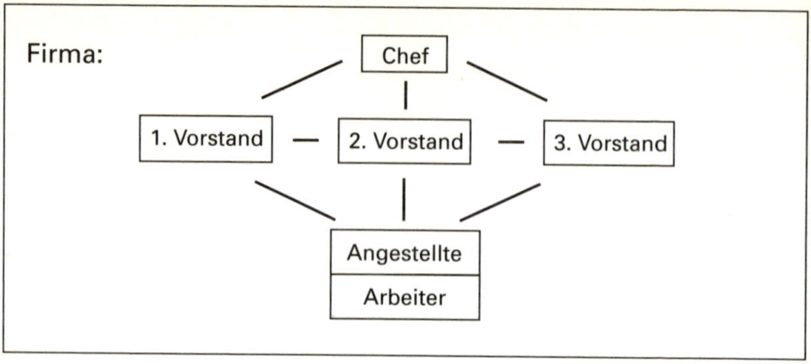

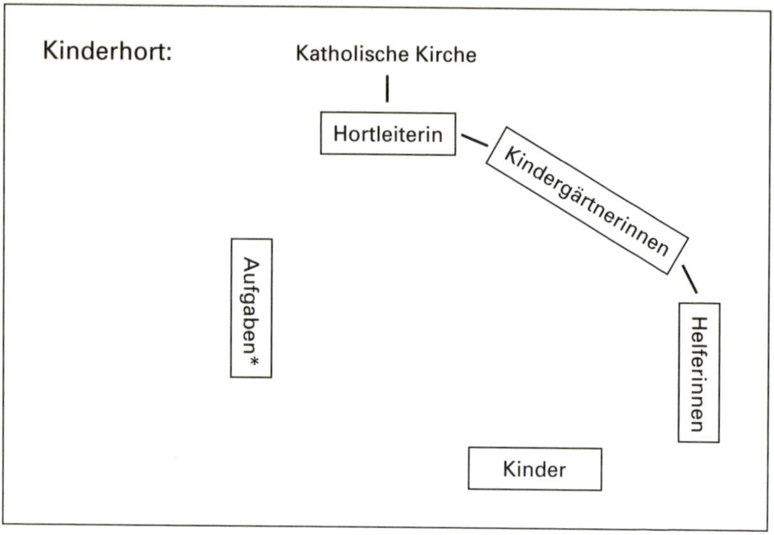

* Aufgaben: Nachmittagsbeaufsichtigung, Hausaufgabenbetreuung

Unsere Kriterien an der Tafel lauteten einmal so:

Ein Organismus:

- wächst aus einer Wurzel (Eltern von Menschen und Tieren gebären Junge oder brüten sie aus)
- ist lebendig (Pflanzen, Tiere, Menschen haben eine Lebenszeit, entwickeln sich und sterben)
- kann sich von selbst vermehren
- braucht Nahrung von außen (guten Boden für Pflanzen, angemessene Umgebung für Tiere, Ernährung für Menschen, aber auch Wissen und Fertigkeiten)

- einzelne Mitglieder sterben nach und nach (wenn Großmutter stirbt, leben wir weiter, die Familie lebt weiter)
- Kann getötet werden
- kann, wenn er verletzt wird, sich selbst heilen oder geheilt werden
- hat notwendige Lebensbedingungen (ein Körper braucht Nahrung, sonst stirbt er)
- hat eine Struktur (Stamm, Äste, Blätter, Wurzeln oder Herz, Hirn, Lunge, Niere, Blut, Kopf, Rumpf, Arme, Beine oder Vater, Mutter, Kinder, Großeltern, Enkel)
- hat Strukturen, die nur wenig verändert werden können (ein Mensch mit einem Bein, was ist nicht möglich?)
- braucht notwendige Lebensbedingungen, die nicht veränderbar sind (Fische sterben auf dem Land, Pflanzen gedeihen nur in ihrer angestammten Umgebung).

Es gab ein Gespräch über notwendige Lebensbedingungen von Organismen. Im Biologiebuch hatten die Kinder die Kapitel über Lebensgemeinschaften von Ameisen und Bienen, aber auch Biotope wie Teich und Moore, Meer und Watt oder Alpenlandschaften herausgesucht. Natürlich sprachen wir über gute Lebensbedingungen für Familien und für sie als Kinder im Besonderen. Flüchtlingskinder berichteten, dass sie von ihrem Platz verjagt wurden, und wir konnten anerkennen, wie viel Kraft es ein Kind kostet, sich völlig neu in einem anderen Land zu orientieren und vielleicht heimisch zu werden.

Auch die Frage nach Strukturen beflügelte ihre Phantasien. In der Biologie sprachen wir von Laubbäumen, und ich erzählte ihnen über die Linden, die in München so viel vorkommen. Die Struktur ihrer Blätter wiederholt sich in der Gesamtstruktur des Baumes. Wir sahen uns die Umrisse von Lindenbäumen an und verglichen sie mit dem Umriss eines Lindenblatts. Manche Kinder zeichneten das auf und im Spätherbst, als alle Lindenblätter gefallen waren, konnten wir die Struktur noch deutlicher an den kahlen Linden sehen.

Abb.: Lindenbaum/Blatt

Langsam schulte sich ihr Blick. Es gab so viele Beispiele aus der Pflanzenwelt, an denen sie selbst erkannten, was Struktur ist und wo sie sich bei Pflanzen und Tieren wiederholt. Das Thema griff in einer Klasse so um sich, dass sogar die Lehrerin für Kunst darauf einging und sich mit den Kindern ausgiebig orientalische Ornamente betrachtete, sie nachzeichnen, auch verändern ließ und sich in einer zweiten Lehreinheit mit afrikanischen Mustern beschäftigte. Damals gab es zwei afrikanische Jungen in der Klasse. Die Kinder lernten Strukturelemente zu unterscheiden und einzuordnen.

Was ist eine Organisation?

Später sammelten die Kinder alles, was sie von Organisationen wussten oder im Lexikon erfahren konnten. Das sah dann einmal so aus

Organisation:

- von Menschen ausgedacht und erstellt
- viele Menschen können sie benutzen (Schule, Kindergarten, Krankenhaus, Verkehrsbetriebe, Feuerwehr, Bundeswehr, Regierung)
- es gibt von Menschen erdachte Regeln, dass alles funktioniert
- sie dient den Menschen und schützt sie
- wer die Regeln nicht anerkennt, schadet anderen und wird bestraft (beispielsweise in der Schule, beim Schwarzfahren)
- man kann diese Regeln wieder ändern, wenn sie nicht mehr nützlich sind;
- jede Organisation hat eine Struktur (Rektor, Lehrer, Kinder, Hausmeister, Schulamt)

Wir vergleichen den Organismus Familie mit der Organisation Schule

In einer weiteren Stunde stellten wir Vergleiche zwischen den Strukturen und Regeln einer Familie und einer Schulklasse an.

Dazu machten wir uns Gedanken darüber, welche Gesetze in Schulklassen mit den Familienregeln übereinstimmen und welche nicht. Dabei konnten die Kinder rasch erkennen, dass die Stellung der Klassenlehrerin / des Klassenlehrers mit der Stellung der Mutter vergleichbar ist, aber eben nur vergleichbar, nicht gleich. Ebenso verglichen sie die Stellung des Rektors / der Rektorin mit der des Vaters. Sie erkannten, dass Lehrer oder Rektoren einen wichtigen Platz einnehmen, aber dennoch ihren Arbeitsplatz wechseln können. Sie sahen, dass Kinder in einer Klasse zusammengehören, ähnlich den Geschwistern. Sie wussten, dass sie lernen müssen, sich zu ertragen, auch wenn sie sich ganz fremd miteinander fühlten. Es war allen klar, dass es hier – ganz anders als in der Familie – Fälle gibt, in denen ein Kind nicht mehr dazugehört. Sie erzählten von mehreren schmerzlichen Abschieden, wenn Kinder in ihre Heimat zurückmussten, wenn sie in der Klasse nicht genug leisteten und in die Sonderschule kamen, wenn sie lange krank waren und die Klasse wiederholen mussten oder die Eltern den Wohnort wechselten.

Sie erzählten, dass sie nach jedem dieser Abschiede traurig waren und den Verlust spürten, obwohl sie mitunter gedacht hatten, dass es in der Klasse leichter würde, wenn dieser Schüler, jene

Schülerin nicht mehr kämen. Aber so war es nicht. Einmal erinnerten sie sich sogar daran, dass eine Schülerin wie aus heiterem Himmel zum Klassenkasper wurde, nachdem ein Schüler, der vorher der Kasper war, die Klasse verlassen hatte. Es war ein unbewusster Versuch, den leeren Platz des Abgängers wieder zu besetzen. Bald war uns allen klar, dass wir unsere Klassen aus einer starren Organisation in lebendige Organismen verwandelten und mitunter so reagierten, wie Mitglieder einer Familie.

Wir schrieben zum Beispiel von da an Abschiedsbriefe an Schülerinnen und Schüler, die gegangen waren. Das wirkte erleichternd. Irgendwie war der Abschied damit abgeschlossen. An einen Brief erinnere ich mich noch, er lautete so: „Lieber Janek! Als du aus Sibirien kamst, fanden wir dich sehr interessant. Du konntest so gut Schlittschuh fahren, und du warst der Größte. Aber bald fühlten wir uns alle komisch mit dir. Überall begannen wir zu streiten, und du bist immer in der Bank gesessen und hast nichts gesagt. Dann bist du weggelaufen. Wir haben dich sehr vermisst. Wir hoffen, dass du bei deinen Eltern leben darfst und nicht in ein noch strengeres Heim musst." (Tatsächlich war dieser Schüler erst Tage nach seinem Verschwinden aufgegriffen worden und wurde in ein geschlossenes Heim gebracht.)

Muslimische Kinder interessierten sich besonders für hierarchische Fragen. Sie wollten wissen, wer mehr Macht hat, ein Lehrer oder der Rektor / die Rektorin.

Es gab Gelächter, wenn diese Frage gestellt wurde. Eine muslimische Schülerin sagte: Der Rektor hat viele Frauen. Hier also war ein Unterschied, über den Münchner Kinder sicher anders nachdachten als muslimische Türken oder Bosnier.

Auch fragten sie mich, ob ein Lehrer / eine Lehrerin dem Rektor gegenüber weniger zu sagen habe, als die Mutter gegenüber dem Vater. Ein muslimischer Junge fragte mich sogar einmal, ob ein Lehrer eine Rektorin anerkennen könne. Für ihn war das unvorstellbar. An dieser hierarchischen Frage beginnt für viele muslimische Jungen, aber auch Mädchen etwa ab dem zehnten Lebensjahr ein schwieriger Prozess. Zu Hause erleben sie die absolute Priorität des Vaters und der Männerwelt. In der Schule jedoch lernen sie etwas über die Gleichstellung von Mann und Frau. Ein Junge, der vor nicht langer Zeit aus Afghanistan geflohen war, sagte im Ethikunterricht einmal zu mir: „Wenn Sie hier vor mir stehen mit Ihrem Rock nur bis zum

Knie, ich darf Ihnen nicht zuhören, ich darf Sie nicht ansehen. In Afghanistan müsste ich mir ständig die Hände waschen.“ (Handwaschung ist ein Reinigungsritual)

Im Verlauf dieser Gespräche bekundeten die Kinder immer wieder, dass sie bei aller Ähnlichkeit mit der Familie doch Gesetze der Schule, die Schulglocke, den Stundenplan, das tägliche In-die-Schule-Gehen, die Hausaufgaben, die Noten so starr, so unnachgiebig erlebten. Zu Hause gäbe es ja auch Gesetze, aber sie fühlten doch, wie sich diese Gesetze im Laufe der Zeit änderten, wie sie in das Wohlwollen der Eltern eingebunden waren, auch wenn die Gesetzesstrukturen beibehalten wurden.

Es entstand ein Bewusstsein dafür, dass im Rahmen der unveränderlichen Strukturen und Gesetze, denen wir als Menschen in einer Familie unterworfen sind, vieles weich und liebevoll geregelt werden kann und dass sich ständig etwas wandelt, einfach weil Kinder älter werden, die Mutter wieder zu arbeiten beginnt, eine große Schwester aus dem Haus geht oder auch ein Großvater stirbt. Manche Kinder aus Serbien oder Kroatien berichteten, was sich nach der Flucht in ihrer Familie verändert hatte.

Gibt es auch weiche, veränderbare Regeln in der Schule?

Das war die Frage, auf die ich eigentlich hinauswollte, denn hier beginnt ja das Feld der Selbstständigkeit, Entwicklungsmöglichkeiten und Kreativität von Kindern und Lehrern.

Über harte und weiche Regeln und wie sie ineinander greifen

Zunächst machten wir uns Gedanken über unveränderbare Gesetze und einigten uns meist auf so oder ähnlich lautende:

- Der Rektor (die Rektorin) leitet die Schule
- die Lehrer unterrichten die Kinder
- die Kinder achten den Rektor und die Lehrer
- die Kinder haben ein Recht auf achtungsvolle Behandlung
- Rektor, Lehrer und Kinder halten die Schul- beziehungsweise die Unterrichtszeiten ein
- die Kinder folgen den Anweisungen von Rektor und Lehrern

Meist besorgte ich auch eine Schulordnung, und wir lasen einige wichtige Kapitel darin. Das war das „harte Regelwerk“.

Mit dieser Schulordnung war für uns alle, Lehrer, Schüler, Rektor, Eltern, ein klares Feld abgesteckt, aber auch ein Freiraum in der Klasse geschaffen, den wir selbst gestalten können.

Hier sollten die weichen, veränderlichen Regeln unser Schulleben ordnen.

In einer 7. Klasse, mit der ich zu Schuljahrsbeginn zum Kennenlernen gleich einen Schulausflug machte, wurde ich von einigen Jungen am Nachmittag bedrängt, ich möge ihnen doch erlauben, eine Halbe Bier zu trinken, sie dürften das zu Hause ja auch. Ich habe es ihnen nicht erlaubt, ganz einfach weil ich es nicht durfte und damit meine eigene Rechtsposition als Lehrerin infrage gestellt hätte. Der unmittelbar einsetzende Widerstand und Unmut verrauchte nach einem Tag. Gerade diese Jungen waren im Verlauf des Schuljahres leicht zu führen, und ich vermute, sie haben erkannt und akzeptiert, dass ich harte Grenzen nicht für sie erweiche.

In der Ausbildung bei Gunter Schmidt (Heidelberger Schule) haben wir viel nachgedacht über Kinder, die aus Familien mit aufgeweichten harten Grenzen kommen. Hier sind die Väter straffällig, Kinder dürfen bis spät ausgehen, Alkohol trinken oder rauchen, sie dominieren einen Elternteil oder beide Eltern, um nur wenige Beispiele zu nennen. Gerade diese Kinder habe ich dankbar erlebt für die Führung beim Einhalten harter Grenzen, die sie zu Hause nicht erlernen können. In dem einen oder anderen Fall ist es mir gelungen, Kinder aus ihrer Verwirrung herauszubegleiten, wenn ich ihnen sagte: „Du hast deinen Vater/Bruder/Mutter immer lieb, auch wenn die es zu Hause anders machen, als wir hier in der Schule."

Aber auch das Umgekehrte war der Fall: Es gab Kinder, die zu Hause viel zu starre Regeln erlebten, wo Weichheit oder Neuverhandlungen über Abmachungen (Taschengeld, Zeitpläne) angemessen gewesen wären und das Familienleben lebendiger gemacht hätten.

In der Klasse eröffneten wir uns den Raum der veränderbaren Regeln schrittweise. Natürlich gab es Hausaufgaben, aber es war durchaus möglich, darüber zu verhandeln, ob es für das eine oder andere Kind zu viele oder nicht die richtigen waren. Dann änderte ich das.

Bis spätestens zwei Monate nach Schulbeginn war es auch möglich, dass ein Kind, wenn es das Sitzen nicht mehr aushielt, aufstehen konnte, um einmal um den Schulhof zu laufen. Sie wussten genau, dass ich einen Missbrauch dieser Chance nicht duldete und achteten selbst darauf. Nur wenige Kinder brauchten noch zu fragen, wenn sie auf die Toilette mussten. Ein Thema, das in vielen Klassen zu großen Schwierigkeiten führt.

Manchmal hatte ich einen Sündenbock. Jeder Lehrer kennt das. Wenn etwas passiert ist, schaut man zuerst auf dieses Kind. Ich änderte das sofort, indem ich diesen Schüler an einen anderen Platz setzte, bis ich mich mit ihm wieder normal arrangieren konnte.

Die Kinder spürten selbst, wie viel freier sie sich bewegten, wenn es ihnen gelang, die Grenzen des Anstands und der festgelegten Regeln einzuhalten, und mir gab das die Möglichkeit, ihnen zunehmend mehr Freiraum in Eigenverantwortung zu überlassen.

Grenzüberschreitungen und Schicksal

Um das Ausmaß an Gewalt zu schildern, dem Flüchtlingskinder aus dem früheren Jugoslawien ausgeliefert waren, möchte ich hier eins von vielen Beispielen bringen.

In der Ethikstunde sprachen wir einmal über Kinder in der Gewalt des Krieges. Da sagte ein serbischer Junge, er habe etwas Wichtiges zu sagen, aber er könne es nicht aussprechen. So schrieb er es auf. Er berichtete über die Sommerferien, die er mit Vater und Mutter in seinem Heimatort in Serbien verbrachte. Er schrieb: „Meine Kameraden sagten, wenn du noch zu uns gehören willst, dann musst du mit uns in den Wald gehen. Sie nahmen Gewehre mit. Dann schossen sie herum. Ich hatte Angst, sie würden jemanden treffen. Da lachten sie. Sie erzählten mir, dass sie schon mehrmals getroffen hatten. Einmal hatten sie einem Erschossenen die Ohren und Hände abgeschnitten. Ich will nicht mehr nach Serbien, aber es sind doch meine Freunde."

Der Konflikt des Jungen war unendlich groß. Er bat mich, niemandem davon zu erzählen, auch seinen Eltern nicht. Ich dachte darüber nach, was dieses Schweigen letztlich in den nächsten Jahren für dieses Kind bedeuten würde, aber auch, wie der Junge sich neben Kindern fühlen würde, die sich das Ausmaß von Gewalt, das er erlebt hatte, weder vorstellen noch ertragen könnten. Langsam begann ich, mich seinen Eltern in Gesprächen zu nähern. Es dauerte Monate, bis der Zeitpunkt kam, an dem ich es ihnen erzählte. Nun, da sie diese Wahrheit mit ihrem Sohn trugen, spürte ich eine deutliche Entspannung des Jungen im Unterricht. Er konnte seither Freundschaften schließen.

Gilt das „Zwischenbewusste" auch für Schulklassen?

Diese Frage stellten die Kinder von dem Zeitpunkt an, als sie erfahren hatten, wie sie füreinander ein Familienbild aufstellen und erfühlen können. „Wissen wir auch von uns untereinander mehr, als wir denken können?", fragte mich eine Schülerin. Ich war mir dabei gar nicht so sicher. Ich hatte ihnen von den Indianerschulen erzählt, über die ich gelesen hatte, in denen es recht streng zugeht. Die Kinder dürfen wenig miteinander sprechen. Sie sind sehr mit dem Kind verbunden, neben dem sie sitzen. Aber es scheint auch, dass die Kinder untereinander gar nicht so viel sprechen müssen, weil ihre Wahrnehmung so geschärft ist, dass sie ohnehin genug voneinander wissen. Das interessierte sie, und eines Tages begannen wir mit dem Experiment, dass sie bewusst wenig untereinander sprachen. Nach zwei Stunden, vor der Pause, tauschten sie sich miteinander aus, wie sie sich wahrgenommen hatten. Ob der Nachbar, die Nachbarin heute traurig oder fröhlich war, konzentriert oder unkonzentriert, lernwillig oder nicht und viele andere Fragen. Sie waren sehr überrascht, wie viel sie voneinander wussten. Natürlich hatten sie darüber hinaus längst gespürt, wie sehr sie einen neuen Klassengeist erlebten und schrieben das dem Familienspiel zu. Ich sah das auch so. Die Achtung voreinander hatte sie zu einer lebendigen Klassengemeinschaft werden lassen. „Wir vertragen uns schneller wieder als früher", sagte ein Mädchen. Dabei sprach sie die Regenerationsfähigkeit lebender Systeme an. Es stimmte, ich musste viel seltener bei Streitigkeiten regelnd eingreifen als in früheren Klassen. Ich erzählte ihnen sinngemäß eine Geschichte, die ich über Selbstregulation gelesen hatte (von Schlippe u. Schweitzer 1996, S. 55):

„Wenn du eine Beule im Auto eines Freundes siehst und eine Beule im Kopf deines Freundes, wirst du vermuten, daß ein Stoß jeweils die Beule verursacht hat. Es wundert dich nicht weiter. Wenn im Auto die Beule nach drei Wochen noch sichtbar ist, wirst du deinen Freund fragen, wann er das endlich richten lassen will. Bei der Beule am Kopf jedoch wirst du dich wirklich wundern, wenn sie nach drei Tagen noch immer frisch ist, ja, du wirst vielleicht sogar annehmen, dein Freund habe sich erneut gestoßen, denn ein vitaler Körper regelt viele Verletzungen in kurzer Zeit von selbst."

Dieses Beispiel zündete. Die Kinder erzählten von Freunden und Freundinnen, die immer wieder Streit anfingen, immer wieder beleidigt seien, man könne tun, was man wolle. Aber sie berichteten auch, dass sie in der Gruppe Regeln hätten, die das den Kindern nicht ewig gestatteten.

Eine Körperübung – den Menschen gegenüber wahrnehmen

Wir machten einmal auch Körperübungen zum Thema: Die Klasse ist ein Organismus. Jeder durfte sich einen Partner, eine Partnerin aussuchen, und sie stellten sich voreinander auf, vielleicht 2 Meter voneinander entfernt. Sie sollten hinfühlen, ob er/sie heute gerne stünde, oder ob einem etwas weh täte, das Stehen mühsam wäre, wie sich Beine, Rücken, Brust und Kopf anfühlten. Dann sollten sie sich gegenseitig wahrnehmen, indem sie mit den Augen vom linken Fuß übers Bein hoch an der Silhouette des gegenüberstehenden Kindes entlang strichen, über den linken Arm, die linke Schulter, den Kopf, ohne mit den Augen aneinander hängen zu bleiben, den rechten Arm hinunter usw., bis sie wieder bei den Füßen angekommen waren. Jetzt sollten sie sich noch die Stellung der Füße merken und sich dann genau gegenüber in die „Fußstapfen" des oder der anderen stellen. Wenn sie drüben standen, sollten sie den *Unterschied* im Körpergefühl, vielleicht auch in der Stimmung wahrnehmen. Wie sie so ganz anders mit den Füßen standen, wie dabei Rücken, Gesäß, Bauch, Schultern sich anfühlten, ob ihnen ein Körperteil besonders auffiel, weil er stärker oder schwächer war als gewohnt, der Rücken vielleicht oder die Beine, aber auch ob sie eine andere Stimmung hatten als vorher, heiterer oder trauriger waren.

Natürlich gab das zu Anfang bei einigen Kindern Unruhe, das waren die, die sich auf die Wahrnehmung von Körpergefühlen nicht unmittelbar einlassen konnten oder wollten, die durften etwas anderes tun. Je weiter das Schuljahr jedoch fortgeschritten war, desto mehr wagten auch diese Kinder, und es gab zunehmendes Erstaunen, wie viel wir voneinander wissen, zum Beispiel ob einer heute Kopfweh hat, ob er gedrückter Stimmung ist, ob er starke Beine hat, Bauchweh und vieles andere mehr (siehe auch Imagination, Körperbewusstsein, S. 118 ff.).

Eine Schulklasse ist ein Organismus und eine Organisationseinheit

Da beim Familien-Stellen deutlich geworden war, dass jedes Mitglied einer Familie seinen angemessenen Platz hat, auf dem sie oder er alle guten Kräfte entfalten kann, fragten sich die Kinder das für die Klasse natürlich auch.

In Stehgreifspielen hatten wir, entsprechend der Ordnungen, die wir für Familien gefunden hatten, auch Sitzordnungen für den Esstisch ausprobiert. Dafür stellten wir in die Mitte eines Stuhlkreises zwei oder vier Schultische zusammen und spielten: „Zu Hause am Esstisch".

Einzelne Kinder durften ihre häusliche Konstellation so darstellen, wie sie bei Tisch gewöhnlich sitzen.

Sie waren selbst erstaunt, wie unterschiedlich das in den verschiedenen Familien gehandhabt wird. Alle wollten drankommen. Wir setzten Stellvertreter an die Plätze, und die sagten, wie sie sich fühlten. Jetzt suchten wir Plätze, die für Vater und Mutter stimmten. Manchmal meinte ein Kind: „Ich fühl mich stark wie ein Vater, aber ich soll hier doch nur ein Kind sein." Das kannten sie ja schon vom Familien-Stellen. Dann fanden wir die guten Plätze für die Kinder in der Geschwisterreihe und baten den Stellvertreter für den Vater, sich auf einen Platz zu setzen, an dem er sich stark fühlte. Dabei erkannten sie, dass es Kindern gut tut, wenn sie den Eltern gegenübersitzen, der geschwisterlichen Reihenfolge entsprechend, wobei meistens das älteste Kind der Mutter gegenübersitzt.

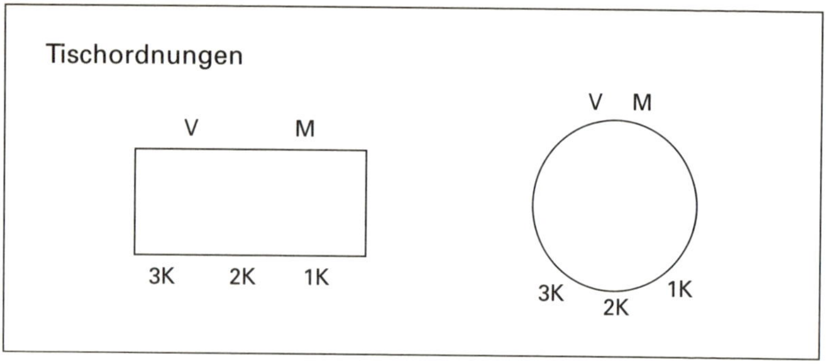

Sie erzählten manchmal davon, wie sie zu Hause damit experimentierten und dass die Eltern das gar nicht so schlecht fänden. Manche berichteten, wie gerne sie auf Vaters Platz sitzen, wenn der mal nicht anwesend sei, ein Mädchen berichtete, dass sie gerne den Platz der älteren Schwester vor der Mutter einnähme, obwohl sie die Jüngere sei. Wir stellten auch diese Ausnahmesituation im Klassenzimmer nach, Stellvertreter durften am Tisch sitzen und sagen, wie es ihnen damit ergeht, im Vergleich zum „angestammten" Platz. Es wurde deutlich, wie bei den Kindern ein natürlich vorhandenes Gefühl für Sitzordnungen wieder lebendig werden konnte, und sie erzählten, wie viel sicherer sie sich auf ihrem richtigen Platz fühlten.

Vor allem mit allein erziehenden Müttern hatte ich über diese Frage wiederholt in der Sprechstunde gesprochen. Sie sollten darauf achten, welche Wirkung die Sitzordnung auf sie und ihre Kinder habe, wenn Mutter und Kinder sich gegenübersitzen, von der Mutter aus gesehen in der Altersreihenfolge von links nach rechts.

Einige Mütter berichteten mir sogar, dass sie sich ihren heranwachsenden Kindern gegenüber sicherer fühlten, seit sie allein auf *ihrer* Seite saßen.

Diese Erkenntnis brachte uns natürlich zur Frage: Gibt es in der Klasse auch für jeden „den guten Platz"? Wir experimentierten mit Stuhlreihen, Gruppentischen und Hufeisenanordnung beziehungsweise halbrunder Anordnung der Tische. Da wurde deutlich, dass in den Klassen unterschiedliche Gruppierungen sinnvoll waren. Um Arbeitsruhe zu gewährleisten und den Teamgeist in der Gruppenarbeit zu stärken, brauchten manche Klassen Zweiertische in Reihen, andere Klassen waren mit drei oder vier zusammengestellten Gruppentischen zufrieden zu stellen. Die Hufeisenform bewährte sich meist in den ersten Schulwochen, später wurde sie von Gruppentischen abgelöst – die Kinder fühlten sich zu streng eingebunden und konnten nur zu wenigen Kindern freien Kontakt aufnehmen.

Nachdem wir uns auf die Anordnung der Tische geeinigt hatten, durfte jedes Kind auf einem Platz sitzen, auf dem es sich wohl fühlte. Da gab es schon einiges Gerangel, weil nicht jeder da sitzen mochte, wo eine Freundin, ein Freund ihn oder sie haben wollte. Nach einiger Zeit führten wir neue Kriterien ein. Mal setzten sich die Kinder der Altersreihenfolge entsprechend von hinten nach vorne, sodass die Jüngsten in der vorderen Bankreihe saßen oder am vordersten Gruppentisch. Es gab auch Wochen, in denen wir darauf achteten, dass immer ein guter Schüler neben einem schwachen sitzt. Die Experimente gefielen ihnen zunächst ganz gut, aber dann merkten sie doch, dass Freundschaften siegten. Wenn ein Kind gerade eine schwere Phase hatte, durfte es sich einen guten Platz auswählen, und das war oft der Auftakt, sich besser zu fühlen. Natürlich machten wir auch das bereits bekannte Experiment, dass bei Schulaufgaben Kinder, die nicht so gut in der Mathematik oder im Rechtschreiben waren, mit Schülern Plätze tauschten, die gute Leistungen in diesen Fächern zeigten. Mit Erstaunen stellten wir fest, dass die schwachen Schüler damit wirklich bessere Ergebnisse erzielten. Die begabteren Schüler waren mit der Vergabe ihrer Plätze zunächst zaghaft, weil sie Angst bekamen, ob ihre Leistungen auf dem Platz des „schlechten" Schülers schlechter würden. Das war jedoch nicht der Fall. So probierten wir aus, und die Kinder fanden selbst heraus, dass eine Schulklasse keine Familie ist, die Sitzordnung sich im Wesentlichen nach den Freundschaften richtet, manche Sitznachbarschaften förderlicher sind für Konzentration und Zusammenarbeit als andere und dass es gut ist, wenn nicht allzu oft gewechselt wird. Dennoch gab es immer wieder Schüler, die in bestimmten Fächern neben einem bestimmten Kind sitzen wollten, weil sie gemeinsam dieses Fach interessierte, und das ließ ich auch zu.

Zu Anfang der neunziger Jahre kamen viele serbische, kroatische, albanische und bosnische Flüchtlingskinder in die Klassen. Sie wollten ständig den Platz wechseln. Dabei versicherten sie mir, dass sie nun wirklich neben Erkan, Sefta, Josef oder Samir sitzen bleiben würden. Zunächst dachte ich, es drehte sich um unterschwellige ethnische Konflikte und die Eltern hätten vielleicht gesagt: „Neben einen Serben oder Kroaten setz dich nicht hin!" So war es aber nicht. Wie in einem früheren Kapitel (S. 22 ff.) bereits beschrieben, handelte es sich bei diesen Kindern um Energien, die sie aus ihren Familien von der Flucht mitgebracht hatten. Für mich nannte ich diese Energie „Fluchtenergie". Deshalb wirkte ich mehr und mehr auf die Kinder ein, einen gewählten Platz zu behalten. Ich ermunterte sie, ein wenig von ihrem Heimatland, ihrer Schule in Jugoslawien, ihren Freunden und manchmal auch von der Flucht zu erzählen. Das war eine Möglichkeit für die Münchner Kinder, die Flüchtlingskinder aufzunehmen und für die Flüchtlingskinder, sich langsam zu integrieren.

Die Kinder wollten wissen, ob eine Klasse, ähnlich wie eine Familie, eine Ordnung habe, die man aufstellen kann. Nach einigen Versuchen wurde eine gewisse innere Ordnung in der Klasse nach dem Alter der Schülerinnen und Schüler, aber auch nach Engagement deutlich, wobei das soziale Engagement und die „Berühmtheit" (zum Beispiel ein hervorragender Fußballspieler oder eine Rock'n'Roll-Tänzerin) vor der schulischen Leistung rangierten. Bei einer Gesamtaufstellung mit allen Kindern wurde die Klasse von allen als gutes Feld erspürt, wenn zwischen der Lehrerin und den Kindern eine kleine Gruppe von Schülern stand, die wir die Klassenältesten nannten. Das bezog sich etwa auf fünf von 25 Kindern, denen eine Vorrangstellung eingeräumt wurde; sie waren entweder wirklich älter, sozial engagiert, wurden bewundert, oder sie hatten herausragende schulische Leistungen. Die beiden Klassensprecher gehörten natürlich auch zu dieser Gruppe. Unter den übrigen Kindern gab es Gruppierungen nach Interessen und Freundschaften.

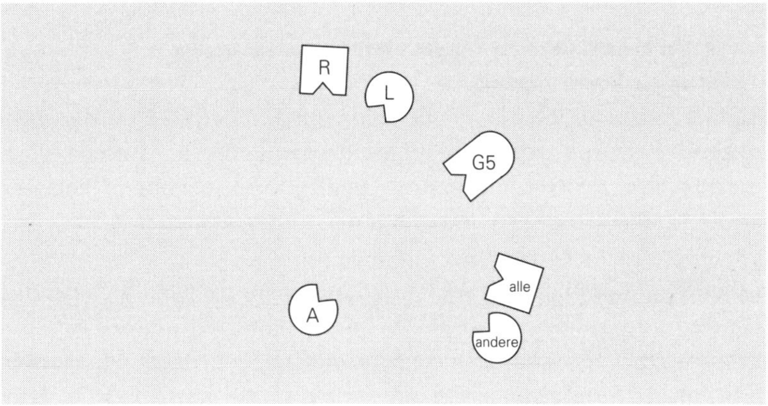

R	Rektor	G	die Gruppe der Fünf
L	Lehrerin	A	schulische Aufgaben

Wenn wir dazu noch ein Kind aus der Gruppe für unsere schulische Aufgabe aufgestellt hatten, sahen alle auf diese Aufgabe und waren zufrieden.

Nach solchen Versuchen, eine Gruppenordnung herzustellen, fühlten sich die Kinder aufgeräumt und friedlich. Wir hatten dafür keine Erklärung und freuten uns an der Wirkung.

Dieser behutsame, fragende Umgang mit dem, was eine Schulklasse eigentlich ist, ließ die Kinder aufmerksam und bewusst werden. In mehreren Klassen meinten sie: Wir sind zwar hier, weil wir müssen, aber jetzt fühlen wir uns zusammengehörig.

Manche Klassen erlebte ich wie Lebewesen: Jedes einzelne Kind entwickelte und veränderte sich ständig und damit auch die Schulklassen, die zusätzlich ja noch Neuzugänge und Abgänge von Schülern, aber auch von Lehrern verkraften mussten. Die Kinder hielten zusammen und halfen sich gegenseitig, sie verschlossen sich mitunter einzeln oder kollektiv bestimmten Anordnungen. Sie bildeten Untergruppen, und es gab je nach sozialem Engagement und Leistung eine Klassenhierarchie. Sie hatten erkennbare Klassenregeln herausgebildet und konnten ihre Schwierigkeiten miteinander ausmachen. Darüber hinaus gab es ausgesprochene Regeln zwischen mir, der Klassenleiterin, und ihnen. Mit all diesen Merkmalen erfüllten wir wesentliche Kriterien eines lebendigen Systems.

Autorität kann durch ein Wunder wiederhergestellt werden – Sternstunde einer Lehrerin

Vor Jahren hatte ich in einer Schule einmal einen Rektor, der nicht akzeptiert wurde, vor allem nicht von den Lehrern. Er muss es gemerkt haben, denn bald begann er, häufig aus unwichtigen Anlässen in die Klassen zu gehen und damit den Unterricht zu unterbrechen. Oft stöhnten die Kinder, und ich sagte nur, dass ich ihn bitten werde, seltener zu kommen. Ich wusste genau, wenn ich jetzt noch bei den Kindern etwas gegen den Rektor sagte, dann würden sie sich mit mir innerlich verbünden, und meine eigene Autorität wäre von dem Zeitpunkt an untergraben. Also war ich in der Zwickmühle, denn sie hatten ja Recht. Er störte sie und mich.

Ich betonte, dass er dennoch der Rektor sei. Aber dieses „Gebäude der Hierarchie“ wurde vor den Augen der Kinder und für uns Lehrer langsam brüchig. Da ereignete sich ein kleines Wunder. Zusammen mit dem Hausmeister hatten wir Lehrer vor dem Unterricht einen Imbiss für die Pause vorbereitet, da der Rektor Geburtstag hatte. Ich kam also etwas zu spät ins Klassenzimmer, und dort herrschte große Aufregung.

Eine Schülerin aus meiner Klasse feierte ebenfalls ihren Geburtstag und hatte jeder Mitschülerin und jedem Mitschüler ein kleines Gebäck auf den Platz gelegt. Einige Gebäckstücke waren übrig geblieben. Wir wollten zum Unterrichtsbeginn dem Mädchen ein Geburtstagslied singen, da kam schon wieder der Rektor herein und störte uns. Ich sagte zu ihm: „Normalerweise würden Sie uns jetzt stören, nur heute nicht. Bitte hören Sie uns zu.“ Er kam gar nicht dazu, etwas zu sagen. Wir sangen das Geburtstagslied. Ohne aufgefordert zu sein, ging das Geburtstagskind mit den drei übrig gebliebenen Gebäckstücken auf den Rektor zu und sagte: „Wir haben gehört, dass Sie auch Geburtstag haben heute. Ich gratuliere Ihnen!", und gab ihm das Gebäck. Das Eis war gebrochen. Der Rektor war zu Tränen gerührt. Offensichtlich hatte er sich eine so menschliche Geste gar nicht mehr erhofft. Nach ein paar Wochen sagten die Kinder: „Unser Rektor stört uns ja gar nicht mehr!" Er hatte tatsächlich seine häufigen Besuche eingestellt.

5. Weitere Anwendungen von Grundtechniken aus verschiedenen Therapierichtungen

5.1 Der Einfluss Milton Ericksons auf meine Arbeit mit Imagination

Ein sehr früher Vertreter der systemischen Vorgehensweise ist der geniale Therapeut Milton Erickson. Er war durch eine Polioerkrankung auf den Rollstuhl angewiesen. Von ihm heißt es, er habe sich jeden Morgen mit Selbsthypnose behandelt, damit er schmerzfrei lehren konnte. Mit seiner ruhigen, bestimmten Stimme gelang es ihm wie kaum einem anderen Therapeuten, Klienten, ohne es vorher anzukündigen, in einen Zustand der Hypnose zu versetzen, der mitunter so tief war, dass es den Menschen nicht mehr erinnerlich war, was er gesagt hatte oder was sie gedacht hatten. In diesem Zustand hatten Klienten unbewusst die Möglichkeit, während ihnen Erickson passende Geschichten erzählte, an ihren inneren Bildern und Einstellungen zu arbeiten oder zu Erkenntnissen zu gelangen.

Milton Erickson lehrt uns, dass die Vergangenheit, so schwer sie auch gewesen sein mag, eine „Vorratskammer nützlicher Erfahrungen" sei und keine Kette traumatisierender Ereignisse. Aus seiner Krankheitserfahrung, er war zeitweise vollständig gelähmt, wusste er in ausweglosen Situationen Lösungen zu finden. Sein Zugangsweg zur Lebensbewältigung und zu Veränderungen durch die Hypnose (wir nennen sie hier in der etwas abgeschwächten Form „Trance") ist auch für Kinder eine Möglichkeit, auf dieser Bewusstseinsebene rasch Kontakt zum eigenen Körper und dessen Kräften zu bekommen und sich darüber hinaus verschiedenste Ressourcen und Lösungsmöglichkeiten zu erschließen. Erickson zählt nicht unmittelbar zu den Konstruktivisten, doch lehrt er uns bereits, wie wir aus den gegebenen Umständen heraus Neues schaffen können. Wir sprechen bei Erickson von Hypnotherapie. In seiner wichtigsten Grundannahme weist er dem Unbewussten Selbstheilungskräfte zu. In diesem Zusammenhang taucht immer wieder sein Satz auf: „The unconscious mind is so much wiser than the conscious mind" (das Unbewusste ist sehr viel weiser als das bewusste Denken, siehe auch Madelung 1996, S. 127–133).

In diesem Zusammenhang möchte ich auch auf Moshé Feldenkrais, einen Schüler Ericksons hinweisen. Er entwickelte mit seiner Methode der entspannten Konzentration eine Körpertherapie, die auf der Ebene der Aufmerksamkeit für Bewegungsabläufe und Wahrnehmung einzelner Körperregionen zu gutem Körperbewusstsein führt. Wie später (S. 122) beschrieben, können in der Vorstellung geübte Bewegungsabläufe bei verletzten Gliedern zu einer Regeneration der Bewegungsfähigkeit führen, so als hätte der Verletzte zum Beispiel mit dem gebrochenen Bein geübt. Dabei spielt das Visualisieren eine wichtige Rolle. Günther Schricker hat in seinen Artikeln in verschiedenen Schriften zur Sportpädagogik (Schricker 1984, 1989, 1993, 1999) dazu beigetragen, die Feldenkrais-Methode als Teil des Sportunterrichts an den beruflichen Schulen in Bayern und als Körperarbeit im Lehrerseminar einzuführen.

5.2 Im Körper und in der Schule sein – über die Arbeit mit Imagination im Unterricht

Unterricht, der in sechs gedrängten Unterrichtseinheiten innerhalb von fünf Stunden jeden Vormittag abläuft, verlangt seit Jahrhunderten von Kindern ein hohes Maß an Verzicht auf ihren natürlichen Bewegungstrieb und die Wahrnehmung ihrer Gefühle und Empfindungen. Für die Schule scheint es noch bis heute besser zu sein, wenn Kinder nur mit ihrem Kopf anwesend sind und die übrigen Regungen ihres Körpers unterdrücken.

Lernen ist jedoch ein ganzkörperlicher Vorgang, für den wir noch im Körper schlummernde Fähigkeiten nutzen könnten. Aber unser Körper hat auch seine Bedingungen, besonders ein wachsender, sich entwickelnder Körper. Das Leben in der Schule sollte sich für Kinder im Ablauf eines jeden Schultags nach ihrem kindlichen Rhythmus richten, ihrem natürlichen Verlangen nach Bewegung und Körperbewusstsein, nach Pausen, Rückzug in ruhigere Bewusstseinszustände und Wechsel der Tätigkeiten. Zwei oder vier Sportstunden in der Woche bieten keinen angemessenen Ausgleich für fünf mal sechs

Stunden Unterricht in Bänken und auf Stühlen. „Schule im Rhythmus der Kinder", das ist ein Prinzip des täglichen Unterrichtsablaufs, das Fundament eines neuen Schulkonzepts.

Einer dieser natürlichen Körperzustände, von denen Kinder bis heute prinzipiell abgehalten werden, ist die Imagination, man könnte auch sagen, das Tagträumen. Dieser jenseits des Wachbewusstseins liegende Zustand ist die Hauptquelle der Erkenntnisse kreativer Menschen, ob Wissenschaftler, Künstler oder Erfinder. In der Trance erleben auch Kinder ihre eigene Innenwelt, schöpfen aus diesem vorhandenen Reichtum neues Wissen, gespeicherte Erfahrung, Intuition und Körperbewusstsein. Während des Trancezustands verändern sich nachweislich Hirntätigkeit, Herzschlag und Körpertemperatur. Der Körper entspannt sich, und die geänderten Hirnstromverhältnisse (Alpha-Wellen) erlauben eine ruhigere Tätigkeit des Gehirns als im Wachzustand, ja man erkannte sogar, dass sonst ungenutzte Areale des Gehirns tätig werden und sich neue Synapsen bilden. Am Ende des Trancezustands stellen die Kinder bewusst wieder die Verbindung mit dem Wachbewusstsein und der Außenwelt her und können gleichzeitig auf die Erfahrungen des Trancezustands zurückgreifen.

Im Folgenden möchte ich Ihnen berichten, wie ich die Kinder systematisch in die Trancearbeit einführte, in eine Welt, auf die sie nicht mehr verzichten wollten, als sie sich ihnen einmal eröffnet hatte.

Die Vorgeschichte

Die Schule, in der ich unterrichtete, stand ganz nah an einer katholischen Kirche. Täglich schallten gegen Ende der 5. Stunde um 12 Uhr die Glocken für drei Minuten laut vom Turm, mein Klassenzimmer befand sich direkt gegenüber.

Da mich dieses Läuten störte, ich den Schall aber durch Schließen der Fenster nicht abdämmen konnte, beschloss ich, etwas daraus zu machen. Zunächst erzählte ich den Kindern über das „Gebetläuten", wie die Bauern auf dem Feld oder im Stall alles liegen und stehen ließen, weil der Gebetsruf zum „Angelus", wie das Gebet heißt, verbindlich war und sowohl Gebet als auch eine Arbeitsunterbrechung bedeutete. Die Kinder waren sofort der Meinung, dass dieses Läuten für sie ebenfalls wichtiger sei als ihre Arbeit, auch wenn sie den „Angelus" nicht konnten und nicht beten wollten. So beschlossen wir, täglich um 12 Uhr drei Schweigeminuten einzurichten, die uns daran erinnern sollten, dass es Dinge auf dieser Welt gibt, um deretwillen es gut und sinnvoll ist, die Arbeit zu unterbrechen und zu schweigen. Das 12-Uhr-Läuten bekam Bedeutung.

„Kopf auf die Bank"

Nach einiger Zeit merkte ich, dass die Kinder diese Schweigeminuten zwar einforderten, innerlich jedoch nicht dabei zur Ruhe kamen. So schlug ich ihnen vor, dass ich mit ihnen eine Ruheübung machen könnte. Sie hieß: „Kopf auf die Bank". Dann, so sagte ich ihnen, würde ich ihnen etwas vorsprechen, und sie könnten in Gedanken meinen Worten folgen oder ihren eigenen Gedanken und inneren Bildern nachgehen. Sie willigten ein. Wir schauten, dass alle beim Sitzen die Füße fest auf dem Boden hatten und der Kopf ruhig auf der Bank lag, auf den Armen oder auf einer Jacke. Am Anfang sprach ich während dieser drei Minuten nur ein paar Sätze zur Körperwahrnehmung. Sie sollten auf ihre Zehen, Fußsohlen, Füße und Beine achten, wie die sich anfühlen, ob das rechte Bein sich genauso anfühle wie das linke Bein, ob eines lockerer sei als das andere oder wärmer oder kälter.

Am nächsten Tag ging es dann um die Füße, Beine und den Popo, wie der sich anfühlt, breit und gepolstert oder dünn und knochig. Es gab Tage, da ging es nur um die Schultern und den Kopf, den Brustraum und das Herz. Es gefiel den Kindern zunehmend, und bald kam der Tag, an dem die eine oder der andere von sich aus um eine bestimmte Körperregion bat, mit der wir uns beschäftigen sollten, wenn jemand zum Beispiel Kopfweh hatte oder Bauchweh. Bald kombinierten wir das auch mit dem Atem, so, dass wir den Atem durch den ganzen Bauch, durch die Beine in die Füße schickten und dort ausatmeten oder spürten, wie der Atem die Brust dehnt und dann durch die Arme fließt und aus den Handflächen strömt. Aber auch einzelne Organe besuchten wir. Ich führte sie mit ihrer Vorstellung bis in ihr Herz, und dort sahen sie sich um. Im Herzen konnten sie sich niederlassen, dem Herzschlag lauschen, eine Kerze anzünden und den Herzinnenraum erleuchten. Das waren schon Aufgaben für Fortgeschrittene, und sie dauerten häufig länger als drei Minuten.

Wenn es auch manchen Jungen – für Mädchen waren diese Übungen leichter – am Anfang schwer fiel, wirklich zur Ruhe zu kommen, so zogen sie doch diese Übung vor, anstatt alternativ für sich an einer Aufgabe weiterzuarbeiten. Bald waren die meisten bei der Sache, und sie kamen zunehmend tiefer in diesen Zustand, von dem sie nicht verstanden, was das ist. Sie merkten nur, dass es gar nicht so leicht war, wieder in das normale Alltagsgefühl zu kommen, wenn ich aufhörte zu sprechen, obwohl sie während der Übung gedacht hatten, es sei leicht. Sie konnten nämlich gleichzeitig die Außenwelt, ihre Banknachbarn, das Läuten der Glocken und meine Stimme durchaus wahrnehmen. Ich nannte diesen Zustand Trance, und manche hatten darüber im Fernsehen schon etwas gesehen. Wir sprachen über unseren Zustand vor dem Einschlafen und nach dem Aufwachen, der dem Trancezustand sehr ähnlich ist. Wenn wir ihn, so wie sie jetzt, willentlich erreichten, konnten wir unsere Körpergefühle beeinflussen, etwas erfahren, uns an etwas erinnern oder eben, wie wir hier, uns beruhigen und ein Körperbewusstsein erlangen. Ich hatte ihre Neugierde geweckt, und sie baten mich, ihnen mehr davon zu erzählen, was ich von der Trance alles wüsste. Ich sagte ihnen, dass ich die Zeit hierfür nicht einfach von der Unterrichtszeit abziehen könne. Da waren sie rasch bereit, sich in den Unterrichtsstunden so anzustrengen, dass Zeit für derlei Übungen blieb. Und sie hielten Wort! Es war für mich ein Erlebnis, zu sehen, welche Kräfte Motivation frei macht und dass die Kinder für Lerneinheiten, von denen ich aus Erfahrung wusste, wie viel Übungszeiten ich einplanen musste, deutlich weniger Zeit benötigten. Also konnte ich mit der Tranceübung fortfahren.

Körperbewusstsein und Selbstheilung

Zunächst waren mir die Körperübungen wichtig. Ich wollte den Kindern eine Möglichkeit geben, rasch zu sich zu kommen, wenn sie einmal nervös waren oder verwirrt. Außerdem zeigte ich ihnen, wie man auch mit Erkrankungen oder einer Verletzung umgehen kann. Einmal hatte ich selbst einen schweren Unterschenkelbruch erlitten. Schienbein, Wadenbein und Sprunggelenk waren gebrochen. Als ich nach vier Monaten in die Klasse zurückkam, konnte keiner das gebrochene Bein erkennen. Es war vier Monate lang eingegipst gewesen, und man hätte erwarten können, dass es nach dieser langen Zeit dünner geworden wäre als das andere Bein. Ich erzählte den Kindern, wie ich in meiner Vorstellung täglich mit dem eingegipsten Bein Streck- und Bewegungsübungen gemacht hatte, wie mit dem gesunden. Dadurch war der Muskel erhalten geblieben. „Wenn jemand eine Verletzung hat", so erklärte ich ihnen, „kann er sich ein Bild davon machen, wie das Glied wieder heil ist und dabei ganz bewusst in seiner Vorstellung mit gymnastischen Übungen beginnen, die sofort die Durchblutung fördern, den Muskel erhalten und die Heilung begünstigen." Wir eröffneten uns mit den Körpertrancen so vielfältige Möglichkeiten, dass ich hier nur einige schildern kann.

Als wir im Biologieunterricht einzelne Organe durchnahmen, diente uns unsere Übung dazu, alle Organe: Magen, Nieren, Darm usw. zu visualisieren. Da gab es große Schranken bei den Kindern, sich vorzustellen, was sie an Organen in sich haben und wie sie arbeiten. Manche ekelten sich sogar vor diesen Vorstellungen. Es strengte sie an, sich ihr schlagendes Herz, fließendes Blut, ihren Magen, in dem die Speisen verdünnt werden, vorzustellen, ganz zu schweigen von einem Darm, der verdaut. Noch bevor wir im Einzelnen begannen, uns die Innenansichten über Videos und Bilder zu erschließen, brachte ich sie auf die Idee, von ihren „Körperreisen" Landkarten zu zeichnen. Langsam legten die Kinder ihre Scheu ab. Sie wurden neugierig und begannen ihre eigenen „anatomischen Landkarten", die sie sich angefertigt hatten, mit denen im Biologiebuch zu vergleichen. Es war erstaunlich, „wie viel sie von sich wussten, ohne zu wissen, dass sie es wussten", wie der berühmte Therapeut Milton Erickson es auszudrücken pflegte. Zu der Zeit lernte ich bei einem Münchner Schmerzarzt Hypnosetechniken. Dieser Arzt arbeitete mit krebskranken Menschen an der Universitätsklinik. Er zeigte uns Videos über seine Arbeit mit Patienten im Endstadium. Gemeinsam entwickelte er mit ihnen innere Bilder, die sie so tief entspannten und erfreuten, dass sie zunehmend weniger Morphium benötigten, um ihre Schmerzen zu ertragen. Das hatte zur Folge, dass alle Kranken, die an diesem Programm teilgenommen hatten, klarer im Kopf blieben, weniger Schmerzen empfanden oder schmerzfrei waren, vor ihrem Tod noch eine ruhige Zeit mit ihrer Familie erlebten, sich verabschieden konnten und nicht, wie sonst üblich, im Morphiumzustand verdämmerten. Auch davon berichtete ich den Kindern. Manche machten die Erfahrung, dass sie sich beeinflussen und beruhigen konnten und mit einem starken Schmerz fertig wurden, bis ärztliche Hilfe kam.

Sich fühlen, wie man möchte

Manchmal führte ich sie bei einer Körperreise in einen Verwandlungsgarten. Da konnten sie Gräser werden, die sich leicht im Wind bewegten, Tuffsteine mit Löchern, durch die der Wind blies, aber auch Granitbrocken, so schwer und fest, dass sie sich nicht rühren konnten. Riesen durften sie werden und mit zehn Schritten um den Erdball schreiten oder Zwerge, die ihre eigene Welt im Wald, unter dem Moos haben. Manchmal waren sie wunderbare Vögel, die sich mit ihren Schwingen hoch in die Lüfte erhoben, weit über den Wolken schwebten, und dabei konnten sie die Verwandlung immer wieder nachvollziehen, wenn sie für eine Zeit auf dem Rücken dieses Vogels saßen und sich tragen ließen, um dann während des Flugs selbst wieder zum Vogel zu werden. Zunächst hatte ich gedacht, dass 12- und 13-Jährige nicht in einer Entwicklungsphase wären, in der sie das schätzen würden – doch sie liebten es und berichteten gerne über ihre Erlebnisse.

Vorstellungskraft und Phantasie werden geschult

„Was nützt uns das?", fragten mich die Kinder manchmal. Ich sagte ihnen, es seien Fähigkeiten, die sie im Leben sehr oft anwenden könnten, und außerdem sei es gut, wenn einem etwas Spaß mache. Mit geschulten Vorstellungskräften kann man viele Sachverhalte in den naturwissenschaftlichen Fächern leichter erfassen und dadurch auch genauer ausdrücken. Ingenieure und Wissenschaftler, Künstler und Erfinder kommen ohne die Kraft der Vorstellung nicht aus. Darüber hinaus wird auch die Phantasie der Kinder wieder lebendiger, die durch das Überangebot von Bildern des Fernsehens sehr zurückgedrängt ist. Sie hatten das selbst schon erkannt. Wenn ein Kind am Anfang noch von Bildern berichtete, die dem ähnlich waren, was am Tage vorher im Fernsehen gesendet wurde, so riefen die anderen: „Nichts Neues!"

Bald aber sprachen sie über ganz eigenständige Bilder, und die interessierten alle.

Die Wirklichkeit verwandeln

Manchmal durften sie eine „Reise“ machen, auf der sie sich Dinge vorstellten, die sie sich wünschten. Ich warnte sie jedoch davor, was und wie sie sich das wählten, „denn“, so sagte ich ihnen, „es wird eintreffen.“

Da wünschten sich manche, dass ein Freund, eine Freundin wieder mit ihnen spielte und wie sie gemeinsam mit dem Fahrrad herumfuhren, manche wünschten sich einen Ausflug mit Vater und Mutter, viele sahen sich an einem neuen Computer sitzen und stellten sich vor, wie der Vater ihnen einiges erklärt. Natürlich fragten sie, wie das sei, wenn man jemandem etwas Schlechtes wünscht, oder sich in der Phantasie rächt. Das ging die Schwächeren an, die sich körperlich nicht wehren konnten. Ich meinte, dass es gut sei, sich vorzustellen, wie man es einem Streithansl (Angreifer) zurückzahlt, wenn man es in Wirklichkeit noch nicht geschafft hatte. Meiner Erkenntnis nach ist eine genaue bildliche Vorstellung, mit einem bestimmten Kameraden zu kämpfen und auch einmal Sieger zu werden, eine Möglichkeit, die Flut von ausufernden Gewaltphantasien zu stoppen. Mitunter gelang es einzelnen Kindern nach solchen Vorstellungsübungen, sich zu wehren, wo es ihnen früher nicht gelungen war.

Manche Kinder stellten sich vor, sie bekämen eine Mathematikschulaufgabe oder einen Aufsatz heraus und auf ihrer Arbeit stünde eine Eins oder eine Zwei. Diese Idee benutzten wir anschließend regelmäßig, gingen vor Schulaufgaben gemeinsam auf die „Reise“, und sie durften sich körperlich und geistig alles suggerieren, was sie wollten: Sie stellten sich vor, wie sie die Testaufgaben vor sich liegen haben und alle Fragen gut verstehen, wie sie rasch rechnen, schreiben können, zeitig fertig werden, wie der Kopf kühl bleibt, das Herz ruhig schlägt und auch, wie jemand neben ihnen sitzt, der ihnen hilft, wenn sie nicht weiter wissen. Von diesen kurzen Suggestionen vor den Schulaufgaben kann ich sagen, dass sie den Kindern außerordentlich geholfen haben, ruhig zu bleiben und zu lernen, auf sich zu vertrauen.

Eine neue Schule

Einmal waren wir im Schullandheim und verwendeten eine Unterrichtsstunde für eine besondere Reise. Zunächst sagte ich ihnen, dass jeder, der auf die „Reise“ geht, so tief in diesen Trancezustand einsteigen oder so nah am Wachbewusstsein bleiben kann, wie er oder sie möchte. Das war eine Beruhigung für die Buben, die sich nicht so gerne auf diesen Zustand einließen. Von dem Zeitpunkt an sagte ich diesen Satz jedes Mal, wenn ich mit ihnen auf die „Reise“ ging.

Dann schickte ich sie über eine Wiese, ließ sie barfuß über den warmen Wiesenboden laufen, sie spürten, wie die Gräser an ihren Waden streiften und hörten die Vögel zwitschern, Insekten brummen und fühlten den kühlen Wind, der mit ihren Haaren spielte.

Später gelangten sie an einen Waldrand, durften weitergehen und erlebten Landschaften nach ihrer Wahl. Irgendwo, wo es ihnen ganz besonders gefiel, fanden sie ein schönes Haus, vielleicht versteckt hinter Bäumen oder hoch auf einem Hügel. „Dieses Haus ist jetzt eure Schule, so wie ihr sie euch wünscht“, sagte ich. Sie sollten sich das Haus genau anschauen, ob es verwinkelt gebaut war, mit runden Türmchen oder Erkern vielleicht, mehreren Dächern, verschiedenen Eingängen oder einfach mit großen Fenstern, einem geschwungenen Eingangstor. Sie sollten sich genau anschauen, welche Fenster die Schule hat, ob es Balkone gibt, sie konnten auch welche hineinbauen, wenn es noch keine gäbe. Dieses Haus besuchten wir dann über einige Zeit, und sie richteten je nach Bedürfnis alles in ihrer Schule ein, so wie sie das für wünschenswert hielten. Welche Fülle von Ideen die Kinder hatten! Auf jeden Fall wollten sie hier den ganzen Tag beisammen sein, erst abends wieder zu den Eltern gehen. Sie machten viel Sport miteinander, hatten ein Sprachstudio, einen Computerraum, große Experimentierräume für die Physik, eine Küche, in der sie frei kochen durften, aber auch Freizeiträume mit Musikanlagen. Der Fernseher spielte plötzlich keine Rolle mehr. Ich erinnere mich auch an Fotostudios, Werkräume und Modeateliers.

Zeitreisen

Einmal führte ich sie in ihrer Schule in einen Raum, in dem eine riesige Uhr stand, hoch bis zur Decke. Sie war aus einem Material ihrer Wahl, Gold, Silber, wunderbar mit Edelsteinen besetzt oder aus eingefärbtem Kunstharz. An dieser Uhr konnten sie drehen, vor oder zurück, und dabei in die Vergangenheit oder in die Zukunft reisen.

Zunächst, so sagte ich ihnen, würden sie Erinnerungen oder Zukunftsbilder aus ihrem eigenen Leben haben. Sie berichteten von schönen und schweren Bildern aus ihren Leben. Ich erinnere mich an die Erfahrung eines Mädchens, das in Irkutsk, Sibirien, geboren war, jedoch mit sechs Jahren in München eingeschult wurde.

Dieses Mädchen sah sich in der Nähe einer Samtcouch, die wohl in Irkutsk gestanden haben muss, an der sie sich als Kleinkind aufrichtete und ihre ersten Schritte die Couch entlang machte. Ich hatte schon während der Trance bemerkt, dass sie unruhig war und etwas murmelte. Als sie erzählte, konnte sie russische Worte sagen, obwohl sie das Russische ganz vergessen hatte. Sie weinte vor Erregung. Ihre Mutter bestätigte die Stimmigkeit dieser Bilder.

Natürlich benutzte ich diese Möglichkeit der Imagination auch im Unterricht, besonders im Geschichtsunterricht. Die Kinder bekamen die Möglichkeit, mithilfe weniger Reizwörter Bilder davon zu entwickeln, was sie aus Erzählungen, vom Lesen oder Fernsehen über dieses Thema bereits wussten.

Die Vergangenheit verändern

Diese Erfahrungen machten die ganze Klasse natürlich noch neugieriger auf weitere Zeitreisen. Einmal erzählte ein Junge, er habe die Uhr rückwärts gedreht, bis er den Unfall seines Vetters gesehen habe, der vor sieben Jahren vor seinen Augen tödlich von einem Moped überfahren worden war. Als er das Unglück sah, habe er vor Schreck nichts anderes zu tun gewusst, als nur zu schreien. Diesmal sei er in seiner Vorstellung zu ihm hingegangen, habe ihn gestreichelt und Abschied genommen. Zu der Beerdigung durfte er damals nicht gehen. Die Zeitreise war eine neue Möglichkeit, mit einer schweren Erfahrung gut umzugehen. Man konnte manches in der Vorstellung abschließen, eben so, wie man es jetzt verstand. Damit erreichten die Kinder in Bezug auf manche Erfahrungen ihre innere Ruhe. Ein Junge erzählte mir sogar, dass er vor der Flucht aus dem Kosovo seine Oma nicht mehr besucht hatte, die dort geblieben war und inzwischen gestorben sei. Jetzt habe er sie noch einmal besucht.

An bedeutenden Alltagserlebnissen, die für sie ein schlechtes Ende genommen hatten, nahmen die Kinder manchmal Veränderungen vor. Wenn sie in Auseinandersetzungen den Kürzeren gezogen hatten, machten sie sich Bilder, wie sie sich entsprechend wehrten.

Auf diese Weise traten sie ihren Kontrahenten selbstbewusster entgegen und konnten mitunter eine nötige Revanche nachholen.

Ich hatte ihnen gesagt, dass es realistisch sei, die Ereignisse so zu belassen, wie sie sich an sie erinnerten, und dann einen Abschluss zu finden, der für sie stimmig ist und ihr Herz zufrieden stellt.

Die Zukunft planen

Natürlich konnte man die Uhr auch vorwärts drehen, einen Monat, ein Jahr, fünf oder zehn Jahre. Das beflügelte Phantasie und Vorstellungskräfte der Kinder.

Sie stellten sich Fußballspiele vor, in denen ihre Mannschaft so stark spielte, dass sie Sieger wurden. Ja, sie gingen sogar soweit, sich einzelne Elfmetersituationen vorzustellen, die ihre Mannschaft sinnvoll nutzte. Einige Schüler begannen sich auch schwierige Dinge vorzustellen, von denen sie noch nicht wussten, wie sie es schaffen konnten: eine Reihe von erfolgreichen Tests zum Beispiel in einem Fach, das für ihren Übertritt in die Realschule wichtig war. Nach solchen Imaginationen bemerkte ich, dass manche Kinder sich plötzlich stärker fühlten in diesem Fach, einfach weil in der Tiefe ein Interesse geweckt war. (Natürlich gäbe es noch viele andere Gründe, die wir nicht wissen können!)

Man kann nur die eigene Zukunft planen

Ich hatte einige türkische Mädchen, bei denen die Familie überlegte, sie in die Türkei zu schicken zu Tante und Onkel, wo sie dann leben und in die Koranschule gehen sollten, bis sie mit 16 verheiratet würden. Diesen Mädchen riet ich, sich vorzustellen, dass sie im Einklang mit den Eltern in München bleiben könnten. In einer Klasse gab es Kinder, die sich wünschten, ihre getrennten Eltern möchten wieder zusammenkommen. Darüber sprachen wir genau, weil die Imaginationskraft sich in einem solchen Fall gegen den Willen der Eltern auflehnt und nicht sinnvoll eingesetzt wird. Ich erklärte ihnen, dass sie sich vorstellen könnten, wie beide Eltern mit ihnen Ausflüge machten, Geburtstage feierten und sich in den gemeinsamen Stunden an ihnen freuten, auch wenn sie getrennt lebten.

Ein starkes Erlebnis für uns alle waren Imaginationen, mit deren Hilfe wir gemeinsam ein Abschlussfest planten. Es sollten verschiedene Aktionen stattfinden. Die Kinder waren nach einer gemeinsamen Trance in der Lage, in Kürze den Tag zu strukturieren, einzelne Gruppen zusammenzustellen, die ihrerseits wieder berieten und sich Spiele, Vorführungen, Einlagen von Zauberkunststücken und Kunstturnen oder Wettkämpfe ausdachten. Es gab erstaunlich wenig Streit, kam es doch hauptsächlich darauf an, was jede und jeder wirklich tun wollte und ob die Freunde und Freundinnen ihrer Wahl mitmachten.

Neue Zimmer aufschließen

Außer diesem Zimmer, in dem die Zeituhr stand, gab es in ihrer Schule natürlich noch viele andere, die wir nach und nach aufschlossen. Da war ein Raum, in dem sie in Gruppen handwerklich arbeiteten oder auch künstlerisch tätig waren. In einem Raum machten sie Musik. Einige Kinder waren ganz verrückt danach, in einer Band Schlagzeug oder Gitarre zu spielen. Manchmal fragte ich sie, wieso sie sich das nicht für sich zu Hause vor dem Zubettgehen vorstellten. Es dauerte jedoch eine geraume Zeit, bis sie sich dazu in der Lage fühlten. Die Kraft der Gruppe, mit der sie gemeinsam diesen Prozess machten, unterstützte und förderte ihre Konzentration.

Sichtbare Erfolge

Die Kinder erzählten mir, dass sie anfingen, die gesamte Welt um sich herum, Personen, Gegenstände, auch Bilder, ja sogar Schulbücher genauer anzuschauen. Es war deutlich ein sich gegenseitig beeinflussender Prozess. Je mehr sie sich vorstellten, desto genauer wollten sie es sich vorstellen. Das wiederum hatte zur Folge, dass sie ihre Umwelt genauer betrachteten. Es scheint mir ein ähnlicher Prozess zu sein, den auch Künstler durchmachen. Je genauer die Kinder ihre Welt betrachteten, desto mehr Freude bekamen sie an vielen Dingen, an Sportarten, am Zusammensein mit Freunden und Freundinnen, aber auch an Gesprächen, sogar an schönen Dingen in der Natur. In diesem Zusammenhang sprachen wir manchmal über das Fernsehen. Bei einem dieser Gespräche sagte ein Mädchen: „Fernsehen ist nicht wirklich, und ich bin nirgendwo dabei." Als ich sie fragte, ob ihre Trancebilder denn wirklicher seien, meinte sie: „Ja, weil: die habe ich in meinem Kopf."

5.3 Die Übertragung wesentlicher Merkmale systemischen Denkens in den Unterricht – Nachtrag einer theoretischen Erwägung

Alle systemischen Schulen sprechen davon, wie die Wirklichkeit – hier die Wirklichkeit der Schule – sich in unserem Gehirn, in unserem Denken konstelliert und immer wieder reproduziert wird. Nach diesen Erkenntnissen sind wir durchaus in der Lage, unser Empfinden oder gar unsere Vorstellungen von der Wirklichkeit zu verändern. Wir verändern damit jedoch nicht nur uns, sondern auch unsere Umwelt.

Aus der Sicht des Konstruktivismus haben wir jederzeit die Möglichkeit, kreativ zu werden. Wir sind die Gestalter unserer Umwelt. Das verleiht uns gleichzeitig eine Macht, mit der wir auch verantwortlich sind für alles, was wir tun, für die Folgen unserer Handlungen, für den Zustand unserer Welt.

5.4 Die Musterunterbrechung – Geschichten von Milton Erickson, Bert Hellinger und anderen

Das Gute vom Schlechten

Es gab immer wieder Gelegenheit, mit den Kindern über „elegante Methoden" zu sprechen, gemeint war, wie man es erreicht, jemanden dazu zu bringen, schlechte Gewohnheiten, Grobheiten, üble Nachrede oder Ähnliches aufzugeben. „Wie schaffen sie das mit uns?", fragten die Kinder häufig. Tatsächlich hatte ich mir abgewöhnt, ihnen zu sagen, was sie zu tun oder zu lassen hätten. Ich ging davon aus, dass sie das ohnehin wissen. Vielmehr war es mir nötig zu entdecken, was das Gewünschte am Schlechten war. So wie bei Rainer, der uns mit seinen Unverschämtheiten zeigen wollte, wie sehr außen er sich fühlte. Dieses „Du gehörst zu uns!" war sein Zauberwort.

Ich erzählte ihnen von Milton Erickson. Er erreichte mit seinen wunderbaren Therapiegeschichten alle Kinderherzen, nein, er eroberte sie! (Nacherzählt aus: Hudson O'Hanlon u. Hexum 1994).

Wortsalat

Ein Junge wurde zu Erickson gebracht, weil er verwirrt schien. Er sprach ein Kauderwelsch von scheinbar unzusammenhängenden Worten und das mitunter stundenlang. Niemand wusste, was der

Junge sagen wollte. Erickson hörte ihn zunächst an. Da er von dem Symptom seines jungen Klienten vorher schon wusste, hatte er seine Sprechstundenhilfe angewiesen, einen Tonbandmitschnitt dieser Stunde zu machen. Der Junge redete eineinhalb Stunden auf Erickson ein, bis dieser die Sitzung beendete und sich freundlich von ihm verabschiedete. Er bestellte ihn für eine weitere Sitzung nach 14 Tagen.

Erickson studierte nächtelang das Band, bis er den Jungen mit seinem Wortsalat „verstanden" hatte. Als der Patient wiederkam, wollte er gleich wieder beginnen, Erickson mit seinem Wortschwall zu überschütten. Da gebot Erickson Einhalt und begann seinerseits zu sprechen: Wortsalat – zwei volle Stunden. Der Junge hörte zu. Als Erickson geendet hatte, sagte der Junge: „Wie haben Sie das herausgebracht, Mr. Erickson?" Der junge Mann war geheilt.

Offensichtlich hatte Erickson in seinem Wortsalat für den Jungen eine Botschaft versteckt, mit der er zu erkennen gab, dass er ihn verstanden hatte.

Und hier eine zweite Geschichte:

Ordentliche Zerstörung

Eine junge Frau war so sehr gewachsen, dass sie mit 18 Jahren zwei Meter maß. Niemand wusste so recht, wo man sie in der Arbeit einsetzen könnte. Da wurde sie Türsteherin in einer Bar. Sie hatte den Auftrag, Menschen, die gefährlich schienen, vom Besuch der Bar abzuhalten und Betrunkene, die in der Bar randalierten, rauszuwerfen. Diese Arbeit machte die junge Frau allmählich selbst aggressiv und brutal. Sie landete alsbald in einer Nervenklinik.

Aber auch hier führte sie sich wie rasend auf, griff das Pflegepersonal an und zertrümmerte ihre Zimmermöbel. Man wollte sie jedoch nicht mit Medikamenten behandeln, weil sie sich für ihr Verhalten schämte und ansonsten ganz vernünftig schien. Da rief der Klinikchef Milton Erickson an, erzählte ihm die näheren Umstände, wie die Frau randaliert habe und dass in ihrem Zimmer nur noch der Heizkörper an Ort und Stelle sei. Er bat ihn, in die Klinik zu kommen und das Mädchen zu behandeln. Erickson stimmte zu, fragte, wie viel etwa der Einbau eines Heizkörpers koste. „500 Dollar", meinte der Klinikchef. „Dann wird die Behandlung für die Klinik 500 Dollar kosten", erwiderte Erickson, „ich selbst will kein Honorar." Darauf konnte sich der Klinikchef keinen Reim machen, war jedoch froh, dass der berühmte Erickson kommen würde.

Die junge Frau erwartete ihn in ihrem Zimmer. Sie hatte hier randaliert, die Vorhänge heruntergerissen, zwei Stühle und der Tisch lagen zerschmettert herum. Erickson sah sich das an. Die junge Frau schämte sich sichtlich. Erickson sagte zu ihr: „Da haben Sie ihr Zimmer ja kräftig zerlegt – aber noch nicht gründlich genug. Ich werde Ihnen jetzt zeigen, wie man einen Heizkörper aus der Wand herausreißt, den haben Sie nämlich vergessen." Die junge Frau schaute ihn ungläubig an. Sicher hatte sie ein Gespräch mit Erickson erwartet, das sie zur Vernunft bringen sollte. Der aber bat sie, ihm beim Zerreißen ihres Leintuchs behilflich zu sein und die entstandenen Streifen zu einem Strick zusammenzuknoten. Als Erickson einen längeren Strick beieinander hatte, legte er ihn fachkundig um den Heizkörper und riss ihn mit einem Ruck aus der Wand. Die junge Frau war starr vor Entsetzen. Sie wurde nach einer Woche geheilt entlassen.

In seinen Therapien stand Ericksons Interesse an den Symptomen so im Vordergrund, dass er die Patienten damit erschütterte. Sie wollten die Symptome ja loswerden, er aber hatte vorurteilsloses Interesse. Er war – wie über die erste Geschichte berichtet wird – von schier unstillbarem Eifer getrieben, die „Struktur" und die eigentliche Botschaft des Symptoms herauszufinden, bis er seinen Klienten selbst mit Wortsalat überraschen konnte. Bei der jungen Frau suchte er nach dem inneren Sinn ihrer Zerstörungswut und stieß sofort auf eine Lücke. Er hatte erkannt, dass diese Wut irgendwo Halt macht – bei dem Heizkörper zum Beispiel – und er hatte gesehen, dass die junge Frau darauf hoffte, er möge ihr etwas beibringen. Als er das nicht tat, als er ihre Hoffnung sozusagen enttäuschte und nicht als Ordner, sondern als weiterer Zerstörer auftrat, da verabschiedete sie sich selbst von dieser Zerstörungswut, nutzte die Lücke, wo sie selbst Halt machte, und wurde wieder „normal".

Der Ausweg

Geschichten von Bert Hellinger, wie die folgenden, machten den Kindern auch große Freude, und sie verstanden die geheime Botschaft, auch wenn sie nicht wussten, was sie verstanden hatten (Hellinger 1996, S. 176 f.).

Hier wird der Tag eines wütenden kleinen Affen geschildert, der von früh bis spät wild herumtobt. In der Hand schwingt er eine Kokosnuss und erzählt allen Tieren des Urwalds wütend, er warte auf den großen Elefanten und wolle ihm die Kokosnuss auf den Schädel schlagen, dass ihm Hören und Sehen vergeht. Keiner versteht den Kleinen, das Kamel nicht, der Löwe nicht, das Nashorn nicht, alle schütteln den Kopf und fragen sich: „Was will er denn wirklich?" Als der Elefant jedoch am Abend kommt, da wird der kleine Affe still. Auch der Elefant versteht ihn nicht und stampft mit seiner Herde davon. Da nimmt der kleine Affe die Kokosnuss, die er dem Elefanten auf den Schädel knallen wollte, klettert vom Baum herunter und schlägt sie auf einen Stein, dass sie kracht und platzt. Dann trinkt er die Milch und isst die Frucht.

Auch in dieser Geschichte wird ein Wütender nicht etwa zur Räson gerufen, sondern er tobt sich aus, bis er dem (Schicksals-)Elefanten begegnet, noch einmal seine Ohnmacht spürt und die Frucht, die er bereits den ganzen Tag in der Hand schwingt, nicht wie mehrfach angedroht, dem Elefanten an den Kopf, sondern gegen einen Stein knallt, sodass sie platzt. Und er genießt sie. Diese Geschichte bewegte vor allem Kinder, die in ihrer Pubertät bereits etwas fortgeschritten waren. Sie spürten, worum es ging.

Die Freiheit

Die folgende Geschichte pflegte Bert Hellinger in vielen Variationen zu erzählen. Auch sie fand großen Anklang bei den Kindern.

Ein Mann besaß einen Wanderzoo und musste ihn auflösen. Es war nicht leicht, eine gute Unterkunft für die verschiedenen Tiere zu finden, vor allem für seinen Lieblingsgefährten, einen großen Affen. Endlich nahm ihn ein Tierparkbesitzer auf, und man stellte den Affen in seinem Käfig in ein großes Freigehege, das ihm ab sofort zur Verfügung stehen sollte. Der Affe hatte die Angewohnheit, in seinem Käfig viele Stunden am Tage auf und ab zu gehen. Der Besitzer wollte ihn langsam an seine Freiheit gewöhnen und öffnete die Tür des Käfigs. Der Affe jedoch schritt weiterhin seinen Käfig aus, fünf Schritte vor und fünf Schritte zurück. Eines Tages besuchte ihn sein vorheriger Besitzer. Der freute sich über das Freigehege für seinen Freund. Als er den Affen so sah, fragte er ihn: „Warum springst du nicht draußen herum und freust dich über deine Freiheit?" – „Ich bin es gewohnt, auf und ab zu gehen", sagte der Affe und wanderte weiterhin zwischen den Stäben seines Käfigs, fünf Schritte vor und fünf Schritte zurück.

Es war mir stets wichtig, mit diesen und ähnlichen Geschichten die Gemüter der Kinder direkt zu erreichen, ohne Umweg über Einsicht, Ermahnung, Moral oder Erklärung. Sie fanden ihr Ziel, und ich sollte sie immer wieder erzählen.

Über das Gleichgewicht und den Ausgleich im Geben und Nehmen

In diesem Zusammenhang erzählte ich gerne über meine Aufenthalte in Bali und wie die Menschen dort denken, was sie sich wünschen und was sie befürchten. Gregory Bateson (1981) hat das auch sehr schön in dem Buch *Ökologie des Geistes* beschrieben. Seine frühen Erkenntnisse über systemisches Denken zog er aus der Weltanschauung der Balinesen.

Die Balinesen lebten bis Anfang des letzten Jahrhunderts in einem Gleichgewicht mit der Natur, das Bateson „balinesisches Fließgleichgewicht" nannte. Ausgehend von der Naturphilosophie der Inselbewohner konnte er sehen, dass sie den Regelkreis ihrer Sicherheit erkannt hatten. Zwei große Vulkanseen, die sich täglich von neuem mit tropischem Regen füllen, sichern ganzjährig die Wasserversorgung aller Reisfelder der Insel. Es ist die Leistung dieses Volkes, die natürlichen Wasserressourcen mit einem ausgeklügelten Kanalsystem verbunden zu haben und auf diese Weise die Reisfelder so zu bewässern, dass drei Reisernten im Jahr garantiert sind. Balinesen wissen um die Vernetzungen in der Natur und haben eine lebensfördernde Angst davor, Gleichgewichte zu stören. Bis zum Beginn des 20. Jahrhunderts waren die Wasserressourcen, das Kanalsystem, die Anzahl der zu bewässernden Reisfelder im Gleichgewicht mit der Bevölkerungsdichte. Balinesen wissen, dass jede Veränderung ein vorher bestehendes Gleichgewicht außer Kraft setzt und dadurch Werte minimiert werden oder verloren gehen, in diesem Fall die sichere Versorgung aller mit Reis. Da man nicht vorhersagen konnte, was wirklich passiert, wenn der Reis nicht genügt, hüteten sie sich vor zu großem Bevölkerungswachstum. Wenn das heutige Bali auch durch die Kolonialisierung der Holländer, die Auswirkungen der Kriege und vor allem durch die Auswirkungen des Fremdenverkehrs in diesem Sinne längst aus dem Gleichgewicht gedrängt ist, so ist doch die Denkweise der Menschen im Alltag bis heute erhalten geblieben.

Balinesen stellen in allen Lebensbereichen eine Balance her, die sie in jedem Fall einzuhalten versuchen. Wie anders sind wir doch geartet in unseren Optimierungswünschen: die besten Schulen für unsere Kinder, ein möglichst hohes Gehalt, optimale Ferien und vieles andere mehr. Balinesen fühlen sich mit dem Mittelmaß wohler. In ihrer Religion, einer Verschmelzung aus animistischen Vorstellungen, Hinduismus und Buddhismus, steht das Kind als höchstes Gut im Mittelpunkt ihrer Betrachtung. Es ist göttlich. Es würde in diesem Rahmen zu weit führen, mehr dazu zu sagen. Was immer ich in diesem Zusammenhang den Kindern erzählte, berührte sie tief. Nie habe ich in Bali je ein weinendes Kind oder eine zankende Mutter gesehen. Wohl aber kann man erkennen, dass die Kinder nächtelang wach oder schlafend bei den Riten anwesend sind, dass sie Figuren schnitzen, Bilderrahmen malen und beim Herstellen von Schmuck für die vielen Feste und Rituale mitarbeiten. So sie dazu in der Lage sind, steuern sie mit ihren Kräften und Fähigkeiten zum Gemeinwohl bei.

In dem Zusammenhang erzählte ich bei den 15- bis 16-Jährigen auch gerne eine der vielen Geschichten, die ich selbst in Bali erlebt hatte. Damals wurde ich mit einer meiner Erwartungshaltungen konfrontiert, die sich in Europa sicher oft bewahrheiten. Gleichzeitig erkannte ich, wie sehr wir durch unsere Erwartungshaltungen Muster provozieren und das Leben (hier zwischen Männern und Frauen) stark mitbestimmen. Die Balinesen haben mein Denk- und Erfahrungsmuster auf ihre Art liebevoll durchbrochen.

Die Turner

Zusammen mit einer Freundin hatte ich mir ein einsames Stück Strand herausgesucht. Hinter uns befanden sich Dünen, vor uns rauschte das Meer. Wir saßen glücklich auf unseren balinesischen Webteppichen und turnten ein wenig.

Nach einer Weile hörten wir einen Pfiff. Ich drehte mich um. Auf der Düne standen mehrere junge Männer, hoch über uns und winkten. Der Pfeifende löste sich aus der Gruppe und kam den Hang hinunter auf uns zu.

Wir waren nicht mehr jung. Dennoch lief in uns eine allen Frauen bekannte Gedanken- und Gefühlsreihe ab von „nicht einmal hier ist man geschützt vor den Augen der Männer“ bis „Anmache läuft doch überall auf dieser Welt“. Dann kam der junge Mann bei uns an.

Er war vielleicht 18 Jahre alt, grüßte freundlich und sagte, er habe uns mit seinen Freunden beim Turnen zugesehen. Sie wollten uns dafür auch etwas vorturnen. Das war so einfach und unschuldig vorgetragen, dass wir uns beide für unsere ablehnende Haltung schämten. So kamen sie alle sechs herunter, schlugen Räder, machten Flickflacks und Handstand rückwärts. Als sie fertig waren, gingen sie lachend weiter. Wir lernten, dass es in Bali Männer gibt, die für Ausgleich sorgen, wenn sie etwas bekommen haben, und von sich aus keine sexuelle Provokation beginnen.

Grenzen der Autorität

Den bekannten Effekt der Musterunterbrechung, die so heilsam ist, führte ich den Kindern, vor allem den älteren in den 8./9. Klassen, auch mit einer paradoxen Lehrgeschichte vor Augen. Dabei erzählte ich ihnen, wie es in den buddhistischen Schulen zwischen Meister und Schülern zugeht, wie sehr diese gehorchen und mitunter auch den Stockschlägen des Meisters ausgesetzt sind. Hier die Geschichte:

Ein fortgeschrittener Schüler geht zu seinem Meister und bittet ihn um eine neue Aufgabe. Der Meister sagt zu ihm: „Ich werde dir eine Aufgabe geben. Du sollst aber wissen, wenn du die Aufgabe löst, dann schlag ich dich, wenn du sie nicht löst, schlag ich dich auch." Das war schon der Koan, wie man diese Art Lehrgeschichten nennt. Die Kinder begannen zu fragen. Was tut der Schüler?

Kniet er sich hin vor den Meister und bittet um den Inhalt der Aufgabe, wohl wissend, dass er in jedem Fall geschlagen wird? Soll er weglaufen und den Erfolg seiner jahrelangen Studien in den Wind schreiben? Man kann sich gar nicht vorstellen, auf welch unterschiedliche Lösungen die Kinder kamen, gemäß ihrer eigenen inneren Struktur. Einmal hat es einer herausbekommen, und die Geschichte machte daraufhin die Runde in den oberen Klassen. Der Schüler sagte: „Er steht auf, reißt dem Meister den Stock aus der Hand und zerbricht ihn über seinem Knie." Nun konnte ich die Geschichte zu Ende erzählen. Sie lautet so:

Daraufhin verneigt sich der Meister vor seinem Schüler und sagt: „Deine Lehre ist beendet."

Dies ist wohl eine subtile und eindrucksvolle Form, den Kindern den Unterschied zwischen Erziehung zu natürlicher Autorität und Unterwerfung in Tyrannei kenntlich zu machen.

Eine ähnliche Geschichte, in der die Entwicklungszeit eines Menschen beschrieben wird, bis er selbst zur Autorität herangewachsen ist, heißt: „Die Lehre". Sie wird in mehreren Variationen erzählt und stammt aus dem indischen Kulturkreis. Hier eine Version von Otto Brink (1999).

Die Lehre

Als der Prinz 16 Jahre alt war, wollte er mit dem Schwert kämpfen.

Der König ließ ihm ein scharfes Schwert und eine kostbare Rüstung machen, und der Prinz ging in die Einsamkeit zu einem berühmten Meister. Der Prinz verneigte sich. Der Meister sagte: „Hänge dein Schwert und deine Rüstung an den Ast des Mangobaumes, hole Brennholz aus dem Wald, mach Feuer und bereite uns Tee."

Der Prinz tat alles, was der Meister sagte. Er holte Holz, machte Feuer und Tee, räumte auf, säuberte die Hütte, schüttelte die Betten auf und bereitete die Speisen.

Die Zeit verging, ein Jahr, zwei Jahre, fünf und zehn. Nach 25 Jahren kamen dem Prinzen einige Zweifel, ja Misstrauen und Zorn erwachten in seinem Herzen. Er holte das Schwert vom Baum, zog den Damaszenerstahl aus der Scheide und schlich zur Hütte seines Meisters, um ihn zu durchbohren. Doch der Meister saß nicht wie sonst in der Hütte. Er hatte Holz geholt, ein Feuer gemacht und bereitete den Morgentee. Der Prinz schlich sich mit gezücktem Schwert von hinten an den Meister heran und stieß mit einem gewaltigen Schrei zu. Der Meister wehrte den Stoß mit dem Deckel des Kessels ab, stand auf, verneigte sich und sagte: „Deine Lehre ist beendet."

Diese Geschichte bereitete den 15- bis 16-Jährigen, die ich in Ethik unterrichtete, viel Kopfzerbrechen. Sie spielten sie nach und schrieben sie auch in eine moderne Version um. Es war spürbar, dass sie die Tiefe erahnten, ohne sie wirklich benennen zu können.

5.5 Spiele in der Gruppe

Das Veränderungsspiel

Ein Spiel im Zusammenhang mit der Musterunterbrechung ist das Veränderungsspiel. Ich habe es von dem bekannten Therapeuten Jeffrey Zeig gelernt. Wir sind ja prinzipiell geschult, Menschen, Sachverhalte oder Dinge wiederzuerkennen, so als hätten sie sich nach

Tagen, Monaten, Jahren nicht verändert. In Wirklichkeit ändert sich jedoch jeder und alles ständig. Also scheint es mir sinnvoll, Kinder im Erkennen von Änderungen zu schulen, die sie an Personen, Sachverhalten, Geschichten oder Dingen wahrnehmen. Diese Wahrnehmung kann man mit dem Veränderungsspiel schärfen. Die Kinder lieben es über die Maßen, und es erfüllt einen tiefen Sinn. Es kann in vielen Varianten gespielt werden, und Kinder, einmal darauf angesetzt, lassen ihre Phantasie spielen!

Hier eine Variante:
Die Kinder sitzen in der Runde. Einer darf raten und muss deshalb vor der Tür warten. Dann beginnt in der Klasse der Austausch von Kleidern, Schmuckstücken, Schuhen und Haarspangen.

Manch eine zieht den rechten Schuh links und den linken rechts an, der Scheitel wird auf der anderen Seite gezogen und vieles andere mehr.

Es ist eine solche Freude zu sehen, wie genau die Kinder sich wahrnehmen, vor allem aber wie sehr sich die Wahrnehmung schärft, wenn das Auge allüberall gewärtig ist, eine Änderung zu entdecken.

Masken anfertigen

Bald entwickelten die Kinder die Variante: „Wie muss die Veränderung geartet sein, dass man ein Kind nicht mehr erkennt?" Hier dienten uns die überkopfgroßen Masken, die wir in einem längeren

Arbeitsprozess aus Pappmaché herstellten. Diese Masken waren teils Tiergesichter, mit einem Horn vielleicht, teils deformierte Gesichter, ein Froschmaul, ein Langnasiger oder auch ganz archaische Darstellungen, Gesichter, streng in schwarz-weiß bemalt, eine Sonne und viele andere mehr. Am Gesicht war dann das Kind nicht mehr zu erkennen, auch nicht mehr an der Figur oder den Kleidern, wenn sie ihre einfarbigen, weiten und bodenlangen Hemden trugen. Aber natürlich gab es da doch noch andere Merkmale, die sie beibehalten hatten: der Gang zum Beispiel, die Stimme als wichtiges Merkmal, eine bestimmte Gestik auch.

Die Grenzüberschreitung ereignete sich bei unseren Maskenfesten, wenn die Mädchen und Buben erkannten, dass in ihnen unter diesen Masken und archaischen Gewändern ein neues Wesen erwachte, das sie bisher selbst noch nicht kannten. Gestik und Stimme veränderten sich. Wir trommelten dazu oder spielten Musik nach ihrer Wahl. Einige haben es einmal formuliert. Sie sagten: „Wenn ich die große Maske aufsetze und ein weites Kleid trage, werde ich zu einem anderen Wesen.“ Das ging so weit, dass immer wieder Kinder beim Tanzen mit den Masken abbrechen mussten, weil sie vor sich und den anderen Angst bekamen, so fremd waren sie sich geworden.

In die Zukunft schauen

Eine beliebte Imagination war das Spiel: „Mein letzter Schultag“.

Auf großem Packpapier malten sich die Kinder, wie sie nach dem Hauptschulabschluss oder der mittleren Reife die Schule verließen. Dabei ging es in der Darstellung um viele erkennbare Veränderungen, die andere Schüler erraten sollten: Größenwachstum, längere/kürzere Haare, ein neues Schmuckstück vielleicht, bestimmte Kleidung, die sich vom jetzigen Kleidungsstil unterschied, wichtige Betätigungsfelder, im Hintergrund ein Hinweis auf die neue Lehrstelle, ein Mädchen/ein Junge als Beziehungspartner, eine Musikband als Hinweis auf den Wunsch, hier mitzuspielen, und anderes mehr.

Die Kinder haben so viele Varianten des Veränderungsspiels entwickelt, dass ich hier nur noch eine weitere darstelle:

Geschichten verändern

Im Deutschunterricht erteilte ich regelmäßig den Auftrag, eine kurze Geschichte aus dem Lesebuch für eine Nacherzählung vorzubereiten.

Bevor ein Kind anfing nachzuerzählen, vereinbarten wir die Anzahl von Veränderungen: z. B. eine wesentliche, zwei unwesentliche Veränderungen. Es machte den Kindern unglaublichen Spaß, wirklich zuzuhören, die Veränderungen zu entdecken und ihre Auswirkungen auf den Fortlauf der Geschichte und das Schicksal aller in dieser Geschichte vorkommenden Personen einzuschätzen. Manchmal bot ich ihnen auch Geschichten mit mehreren Versionen an, ohne den Ausgang zu schildern. Dann konnten sie auf ihre Weise den jeweiligen Schluss selbst finden.

Bert Hellinger gab mir hierzu in seinen abgeänderten Erzählungen von Märchen gute Anstöße.

Die Geschichte vom getreuen Johannes heißt hier „Die Täuschung“ (Hellinger 1996, S. 47 ff.). Er beschreibt am Ende dieser Geschichte nicht – wie im Märchen –, dass der zu Stein gewordene Johannes durch das Blut der geopferten Königskinder wieder lebendig wird und alle glücklich leben. Vielmehr bleibt am Ende der zu Stein gewordene Johannes ein Stein, die geopferten Kinder bleiben tot, und die Ehe des Königspaares zerbricht. Der Mythos, durch den das Elend auf dieser Erde weitergereicht wird, ist entlarvt. Als ich den Kindern einmal beide Versionen vorgelesen hatte, da waren es kroatische und serbische Kinder, die sofort verstanden. Es schien, als hätten sie begriffen, welch hohen Preis sie und ihre Familien bezahlt hatten.

Das bekannte Märchen vom Marienkind findet bei Hellinger eine Wendung, die auf eine Entmythifizierung des Himmels hinweist und ein gutes Leben hier auf der Erde durchaus möglich erscheinen lässt (a. a. O., S. 182 ff.).

In den Geschichten „Zweierlei Glück“ oder „Der Lauf des Lebens“ (a. a. O., S. 173 ff. bzw. 180 f.) geht es um Wendungen in allgemein bekannten Texten, die ablenken vom Besonderen in der Liebe, dem Außergewöhnlichen in der Begabung und zum Durchschnittlichen hinführen, zum Kleinen, Freundlichen und Lebensbejahenden. Der berühmte Orpheus, der seine Geliebte verliert und einsam bleibt, wird verglichen mit einem normalen Bänkelsänger, einem durchschnittlich glücklichen Mann, der mit seiner Frau und seinen Kindern durchschnittlich lebt und nicht eben berühmt ist.

Die Geschichte „Der Lauf des Lebens“ weist auch darauf hin, dass das Wünschen wie im Märchen uns ins Unglück führt. Wenn „die Wünsche ihre Grenzen haben und angemaßte Taten scheitern, dann fallen wir vom Himmel wieder auf die Erde und finden unser Maß“ (a. a. O., S. 181).

Ohne es zu merken, waren wir durch die oft schrecklich kühlen Enden der Geschichten Bert Hellingers in philosophische Fragen über das Leben eingetreten. Natürlich ließen die Kinder sich nicht von ihren Phantasien abbringen. Noch immer gab es Menschen, die fliegen konnten, unendlich reich waren oder mächtig und solche, die man nie betrügen kann. Doch wurden sich die Kinder in zunehmendem Maße des Unterschieds zwischen Wunsch und Wirklichkeit bewusst.

6. Anwendungen systemisch-phänomenologischer Erkenntnisse in der Lehrer-Supervision

6.1 Über die Persönlichkeit von Lehrerinnen und Lehrern und ihre Wirkung aus systemischer Sicht

Die Beziehung von Lehrerinnen und Lehrern zu ihren Herkunftsfamilien

Leicht haben es Lehrer, die von Herzen mit ihrem eigenen Familienhintergrund einverstanden sind und denen es gelungen ist, mit ihrer Herkunftsfamilie in Frieden zu leben, unabhängig von der Schwere des damit verbundenen eigenen Schicksals. Sie werden besonnen auf die Familien der ihnen anvertrauten Kinder und Jugendlichen schauen und auch schwerwiegende Schicksale in ihrer Auswirkung auf das Kind anerkennen. Manchmal sind wir als Lehrer geneigt, den Herkunftskontext einer Schülerin oder eines Schülers zu bedauern, so als wäre es wichtiger, dass dieses Kind schulisch weiterkommt, als dass es sich seiner Herkunftsfamilie gegenüber loyal und verbunden fühlt. Diese Wertung steht uns aber nicht zu und führt nur zu Spannungen im Verhältnis der Lehrerin zu einem Schüler. Es erwächst auch bei den Eltern eher eine versöhnliche Haltung, wenn ein Lehrer direkt und indirekt signalisiert: „Ich achte das Schicksal, das in Ihrer Familie seinen Fortlauf nimmt, ich will Ihnen keine Mängel nachweisen und Ihrem Kind nicht bessere Alternativen zum Elternhaus geben, sondern einen Weg aufzeigen, wie es sich die Welt außerhalb des Elternhauses erschließen kann, ohne Ihnen untreu zu werden.“ Auf diese Weise ist das Kind spannungsfrei zwischen beiden Autoritäten aufgehoben.

Gleichzeitig signalisieren wir den Eltern: „Sie können mir Ihr Kind in der Schule ruhig anvertrauen.“ Damit bleiben wir als Lehrer ausschließlich bei unserer Aufgabe zu unterrichten und ein soziales Feld in der Klasse zu schaffen.

Der Respekt vor den Herkunftsfamilien stützt nicht nur die Autorität der Eltern, er stärkt auch die Autorität der Lehrerin oder des Lehrers, der mit seiner Arbeit im Unterricht durchaus andere Ziele und Werte verfolgt, als die Eltern zu Hause. Hier zeigen Lehrerinnen und Lehrer *Führungskraft*, fordern im Lernen und Zusammenleben die Einhaltung der in der Klasse geltenden Regeln und Respekt für das soziale Zusammenleben sowie die Achtung vor dem Schicksal aller Mitschülerinnen und Mitschüler.

Aus meiner Erfahrung kann ich berichten, dass durch diese klare Haltung in Autoritätsfragen in vielen Klassen und vor allem in Elternhäusern die Atmosphäre der Gewalt unterbrochen wurde. So manche Väter berichteten mir vertrauensvoll, sie schämten sich, weil sie ihr Kind geschlagen hatten, sie hätten angefangen, etwas zu ändern, seit sie spürten, dass ich (die Lehrerin) Elternhäuser achte.

Es gibt viele Elternhäuser, die der Schule und Lehrern gegenüber skeptisch, feindselig oder ängstlich sind, je nach Erfahrung, die beide Eltern mitbringen. Ja, sie unterstützen ihre Kinder unter Umständen sogar, sich zu wehren, nicht unbedingt zu kooperieren, und sie sichern ihnen ihre Hilfe gegen den Lehrer zu.

Die oben geschilderte Haltung eines Lehrers unterläuft diese Tendenzen, wie ich ja in einigen Beispielen gezeigt habe. Sie lädt Eltern ein, schlechte Erfahrungen aus der eigenen Schulzeit nicht auf ihre Kinder auszudehnen, sondern zu neuen Einstellungen zu gelangen.

Die Haltung von Lehrerinnen und Lehrern gegenüber der Organisation

Schule wird lebendig, wenn es Eltern, Lehrern und Kindern gelingt, die bestehende schulische Organisationsstruktur anzuerkennen. Innerhalb dieser festen Struktur ist ein Freiraum für die Entwicklung unterschiedlicher Beziehungen und die Gestaltung gemeinschaftlichen Lebens geschaffen.

Ein herzlicher und ehrlicher Austausch der Lehrer im Kollegium, wie sie zusammenhalten, füreinander einstehen und Achtung vor den jeweiligen Positionen, auch Führungspositionen, haben, das alles spiegelt sich wider im Gemeinschaftsgeist der einzelnen Schulklassen.

Eingeschlossen ist hier die Anerkennung der Verdienste älterer Kollegen (selbst wenn sie inzwischen „altmodisch" sind), die Anerkennung derer, die sich in der Schule verdient gemacht haben und eine besondere Position einnehmen, und ein Wissen um den eigenen Platz.

Gerade in schwierigen Situationen mit Vorgesetzten oder einzelnen Kollegen gibt dieses bewusste Einnehmen der eigenen Stelle im Kreise des Kollegiums Kraft, effizient für die eigenen Rechte einzutreten. Das gelingt Lehrern, die sich außen fühlen, in unbewusster oder bewusster oppositioneller Grundhaltung zur Schule stehen, weniger (siehe das Beispiel Andrea, Lehrersupervision, S. 149 ff.)

Selbst die Notwendigkeit, gegen einen ungerechten Direktor oder Schulrat einzeln oder gemeinschaftlich vorzugehen, kann von einem Lehrer oder einer Kollegenschaft, die das Amt eines Schulleiters oder Schulrats anerkennt, besser verfochten werden, als von Kollegen, die ihren Platz und den Platz des Schulleiters im Gefüge des Schulsystems nicht klar anerkennen.

Lehrer, die selbstverständlich ihre Stelle einnehmen, fordern die angemessene Haltung vor Autoritäten auch bei ihren Schülern heraus.

Alle Eltern wünschen sich eine Schule, in der ihre Kinder ordentlich behandelt werden und in der Regeln eingehalten werden, die ein gutes Zusammenleben fördern. Letztlich ist das nur möglich, wenn die Eltern die Autorität einer Schule im Ganzen anerkennen. Die Schule, in die wir unsere Kinder schicken, ist mehr als das Glück, einen guten Lehrer für das Kind zu haben. Es ist der erste öffentliche, auch politische Boden, den wir, Lehrer und Eltern, gemeinsam für unsere Kinder und mit ihnen gestalten. In Elternabenden war es mir wichtig, auf diese Zusammenhänge hinzuweisen.

Ein Lehrer gehört zur Gruppe seiner Kollegen

In Supervisionen habe ich erfahren, dass es für manche Lehrer ein Anreiz ist, wenn sie glauben, „es mit den Kindern besser zu können" als deren Eltern oder als die Kollegen, die vorher in der Klasse gearbeitet haben oder jetzt parallel mit ihnen arbeiten. In dieser exponierten Haltung setzen wir uns als Lehrer einem ungeheuren inneren Erfolgsdruck aus, treten bewusst oder unbewusst in Konkurrenz mit Elternhäusern, den Kollegen und der Schule, anstatt nur Mitarbeiter in einem Kollegium zu sein. In den meisten Fällen antworten die Kinder auf diese Haltung, indem sie diesen Lehrern kameradschaftlich entgegenkommen und nicht selten endet der kameradschaftliche Stil, der die Lehrerin oder den Lehrer unbewusst in die Gruppe der Schüler einbinden soll, in Unruhe und Regelverletzungen. Erst die Anerkennung der gegebenen Hierarchie gibt Lehrern die Freiheit, das Schulleben innerhalb des vorgegebenen Rahmens lebendig zu gestalten. Dazu gehört die Anerkennung der einstellenden Behörde als Arbeitgeber, des Schulamtes mit dem Schulrat als Vorgesetztem, des Rektors als Schulleiter und Weisungsberechtigtem. Jeder Lehrer oder jede Lehrerin, die diesen Text liest, wird selbst an seinem / ihrem mehr oder minder großen Unbehagen spüren, wie schwer es fällt, die gegebene hierarchische Struktur anzuerkennen. Aus meiner Erfahrung jedoch ist diese Anerkennung eine Grundbedingung, um vor den Kindern als Autorität zu bestehen und die Eltern einzuladen, sich der Schule vertrauensvoll zuzuwenden. Mit unserer inneren Einstellung zur gegebenen Struktur bestimmen wir täglich wesentlich die emotionale Einfärbung aller Vorgänge zwischen Kollegen, Vorgesetzten, Kindern und Eltern und natürlich auch deren Abläufe.

Selbst wenn wir uns für die Schule der Zukunft neue Strukturen wünschen, nebeneinander arbeitende schulische Organisationseinheiten mit stärkerer Selbstverantwortung und flachem Hierarchieprofil, im Alltag sind wir stets den aktuellen Bedingungen verpflichtet.

In einigen Supervisionen erlebte ich Lehrer, die mit Freude berichteten, dass es ihnen gelang, einen Kollegen oder den Schulleiter bei der Schulbehörde anzuzeigen und ihn „abzusägen".

Natürlich gibt es Anlässe, die ein Kollegium dazu zwingen, auf die Entlassung eines Lehrers oder des Schulleiters aus seiner Stelle zu dringen. Als Gesamtvorgang innerhalb einer Schule ist dies jedoch kein Anlass zur Freude. Die Erschütterung durch eine notwendige Entlassung eines Lehrers oder des Schulleiters ist für Schulen manchmal schwer verkraftbar und setzt sich oft als Schwächung in das Kollegium und bis in einzelne Klassenverbände hinein fort.

6.2 Darstellung einiger systemisch-phänomenologisch geführter Supervisionsarbeiten mit Lehrern und Eltern

Worum es in der Supervisionsgruppe geht

In die Supervisionsgruppen kommen Lehrer mit unterschiedlichsten Anliegen.

Die Fragen sind so vielfältig, dass ich hier nur einige häufiger auftauchende Problemkreise anführen möchte. Wir arbeiten an Lösungen von Konflikten einzelner Schüler mit Lehrern oder Mitschülern bzw. Schülergruppen, es gibt Fragen zum Klima in schwierigen Klassen, Fragen zum Umgang mit Eltern, Vorgesetzten und Kollegen, aber auch Fragen zum Führungs- und Erziehungsstil. In letzter Zeit äußern Lehrer zunehmend das Bedürfnis, in der Supervision genauer zu überprüfen, ob sie mit gewaltbereiten, zu kriminellen Handlungen neigenden Schülern angemessen umgehen. Natürlich nimmt die Betrachtung der ethnischen Unterschiede und der daraus entstehenden Unruhe in den Klassen einen großen Raum ein. Darüber hinaus ist es innerhalb dieser Supervisionsabende jedoch auch möglich, über persönliche Entscheidungen und Schwierigkeiten zu arbeiten, die in den Berufsbereich eines Lehrers hineinwirken und umgekehrt. An einigen Abenden nehmen Eltern, z. T. mit ihren schulpflichtigen Kindern (ab zwölf Jahren) teil, und wir bearbeiteten gemeinsam aktuelle schulische Probleme der Kinder.

In manchen Supervisionen bleiben wir dabei in der Gesprächsform. Bei komplexeren Fragen machen wir eine Aufstellung, die, ähnlich wie bei den Familienaufstellungen, als innerer Anstoß dient und in vielen Fällen tiefe, lösende Gefühle hervorruft, jedoch keinerlei Handlungsanweisung darstellt. Wie beim Familien-Stellen sind auch diese schulischen Organisationsaufstellungen komplex. Je mehr die Lehrer bereit sind, sich zu öffnen, desto mehr miteinander verflochtene Ebenen scheinen auf, Einflüsse, die aus der Herkunft des Lehrers, dem Elternhaus betroffener Schülerinnen und Schüler, aber auch aus der direkten Organisationsebene über das Schulamt, den Direktor, das Lehrerkollegium herrühren. Es ist selten genau zu benennen, wer wodurch so tief berührt wurde, dass sich bei ihr, bei ihm, bei einzelnen Schülern oder in der Klasse etwas änderte. Auch hier gilt, wie für die Wirkung in den Gruppen für systemische Familienaufstellungen, dass Lehrer sehr oft tiefe Erkenntnisse für sich durch Aufstellungsbilder anderer Gruppenteilnehmer bekommen. Gefühle, die vor allem in Arbeitsbeziehungen nicht wahrgenommen oder verdrängt wurden, zeigen sich hier deutlich und können integriert werden. Die gesamte Arbeit ist zunehmend getragen von einer Haltung der Anerkennung dieses verantwortungsvollen Arbeitsauftrags als Lehrer, der Freude am Herausfinden neuer Haltungen und Sichtweisen, die zu Lösungen und Entlastung im Berufsleben und in privaten Beziehungen führen können.

Günter Schricker (1997) schreibt in seinem Aufsatz „Wie Lehrkräfte ihre Berufsbelastungen meistern" über tiefer liegende Hintergründe der Belastung von Lehrern und wie er mit ihnen an der Verbesserung ihres Unterrichts und ihrer Berufskompetenz in Seminaren arbeitet.

Die Beschreibung einiger Supervisionen, die ich in eigenen Seminaren oder zusammen mit G. Schricker machte, soll hier einen kleinen Einblick gewähren in ein großes Arbeitsfeld, das sich gerade entwickelt.

Der richtige Vater ist der beste

Franz ist Grundschullehrer. Er hat einen Schüler, dessen Vater bald ins Gefängnis kommen soll. Dieser Mann war wegen Betrugs verurteilt worden. In den wenigen Wochen bis zu seinem Haftantritt regelte er gerade noch die Übergabe seiner kleinen Firma.

Franz erzählte, dass ihm der Junge Leid tue. Er selbst wisse, wie es sei, keinen Vater zu haben. Sein Vater sei an einem Herzinfarkt gestorben, als er sechs Jahre alt war. Er berichtete, dass er oft darüber nachgedacht habe, warum er Grundschullehrer geworden sei, was für eine männliche Lehrkraft sehr unüblich ist. Er wollte in den Grundschulklassen den Kindern die Möglichkeit einer väterlichen Betreuung geben. Er wünschte, er könne vielleicht dem Jungen während der Haftzeit den Vater ein wenig ersetzen.

Der Bub sei bisher zutraulich gewesen, habe sich jedoch in den letzten Tagen scheu zurückgezogen.

Wir sprachen über den Unterschied zwischen Mitleid und Mitgefühl und wie wesentlich es sei, dass der mitfühlende Mensch Sachverhalte so belasse, wie sie sind, und das Schicksal anderer anerkenne und achte. Das verlangt Standfestigkeit, denn der mitfühlende Mensch spürt, wie hilflos er ist, und hält das aus, anstatt zu versuchen, das Schicksal des anderen zu lindern oder zu wenden, was in diesem Fall zu einer Verdrehung der Tatsachen geführt hätte.

Franz meinte: „Ja, dann tut es vielleicht dem Buben gar nicht gut, wenn ich ihm den Vater ersetzen will. Dann verliert er ja seinen Lehrer, und außerdem stelle ich mich über seinen Vater, bloß weil der im Gefängnis sitzt." Das war so grundehrlich herausgesagt und genau die richtige Richtung. Wir spürten es alle.

Sechs Wochen später berichtete Franz in der Supervision Folgendes:

„Jetzt bin ich dem Buben ein guter Lehrer geworden. Ich sagte neulich zu ihm: ‚Du imponierst mir, wie du es erträgst, dass dein Vater im Gefängnis sitzt, weil er was Unrechtes getan hat, und wie du im Herzen zu ihm hältst.' Der Bub schaute mich an. Ich glaube, es war zum ersten Mal, dass jemand mit ihm über die Vorgänge und seine innere Haltung dazu gesprochen hatte. Ich fragte ihn, ob er seinen Vater besucht habe. Er nickte und drückte tapfer die Tränen hinunter. ‚Schön, dass du tapfer bist', sagte ich, ‚aber bei mir darfst du ruhig ein bisschen weinen', und das tat er dann auch."

Solange der Lehrer versuchte, die Tatsachen zu verschleiern und dem Jungen ein „Ersatzvater" zu sein, zog sich dieser zurück. Erst als es dem Lehrer gelang, an seiner Stelle als Lehrer zu bleiben, das Schicksal des Jungen anzusprechen und zu achten, wurde seine Beziehung zu dem Jungen fruchtbar und Trost spendend. Franz hatte erkannt, dass er versucht war, die unerfüllten Sehnsüchte nach seinem eigenen Vater auf das Kind zu projizieren. Jetzt erkennt er den Vater des Jungen als den für ihn einzig richtigen Vater an.

In einem weiteren Beispiel aus der Gruppenarbeit in der Lehrersupervision können Sie noch einmal erkennen, wie die Herkunftsdynamik einer Lehrerin ihre Lehrerpersönlichkeit beeinflusst und gruppendynamische Vorgänge in der Klasse mitbestimmt.

Wer seinen Vater anerkennen kann, gewinnt Autorität

Andrea erzählte: „Ich bin nach zweijähriger Beurlaubung wieder in den Schuldienst eingetreten. Dabei habe ich eine 6. Klasse in der Hauptschule übernommen. Die vorherige Lehrkraft hat die Führung dieser Klasse nicht bewältigt und musste deshalb gehen. Die Kinder sind laut, unmotiviert, ich werde jeden Tag strenger, mein Humor versiegt, und die Kinder widersetzen sich mir in zunehmendem Maße."

Andrea weinte ein wenig, und ich ermunterte sie, kurz über ihre private Situation zu sprechen.

Sie erzählte, dass sie eine kleine Tochter habe, die sei Schulanfängerin, sie lebe alleine mit dem Mädchen, der Vater habe sich seit der Schwangerschaft entzogen, sei Ausländer, es gebe unaufhörlich Konflikte mit ihm. Sie könne auch mit ihrer Tochter keine ruhige Beziehung führen, die Sehnsucht des Mädchens nach ihrem Vater sei groß.

Nun, da die Kleine in die Schule gehe und sie den Schuldienst wieder aufgenommen habe, erlebe sie sich in der Schule als Lehrkraft äußerst geschwächt.

In diesem Fall entschloss ich mich, Andreas Schulsituation durch Stellvertreter aufzustellen und bat Andrea, ein Mädchen und einen Jungen für die Klasse auszuwählen.

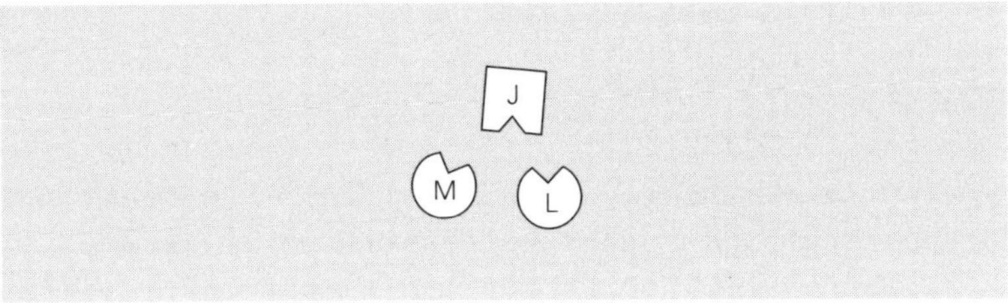

Abb. 1

M	Mädchen	R	Rektor
J	Jungen	Sch	Schulrat
L	Lehrerin	V	Vater

Als die beiden aufgestellt waren, lud ich Andrea ein, ihren Platz zu finden.

Andrea stellte das Mädchen (Stellvertreterin für alle Mädchen) und den Jungen (Stellvertreter für alle Jungen) einander gegenüber und sich, die Lehrerin, neben das Mädchen.

Andrea: „Ja, so ist die Situation."
Mädchen: „Ich fühle mich einigermaßen wohl und von der Lehrerin gestützt." (Sie wird jedoch sichtlich traurig.)
Junge: „Ich fühle mich hier nicht sicher."

Ich holte einen Mann für den Rektor. Andrea war mit seinem selbst gewählten Platz (etwas außerhalb, mit dem Gesicht dem Jungen zugewandt) nicht zufrieden.
Junge (spontan): „Wenn ich den Rektor sehe, werde ich sicherer."
Mädchen: „Mir wird es mulmig."
Andrea: „Der Rektor ist mir unangenehm."

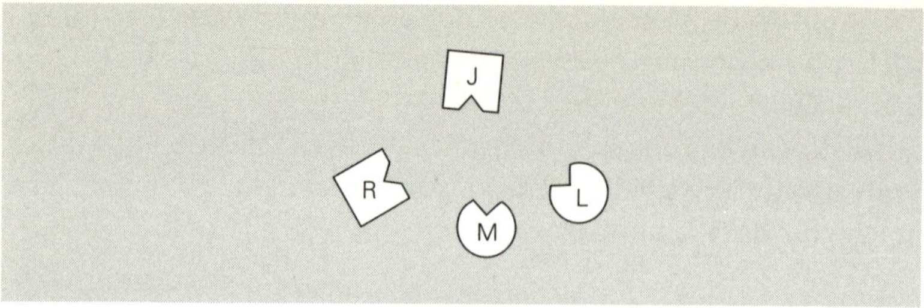

Abb. 2

Ich stellte das Mädchen neben den Jungen. Die beiden standen nun der Lehrerin gegenüber, hinter die Lehrerin stellte ich den Rektor.

Zusätzlich nahm ich hinter den Rektor, etwas seitlich versetzt, einen Stellvertreter für den Schulrat. In bayerischen Hauptschulen ist der Schulrat der unmittelbare Vorgesetzte der Lehrerin, der Rektor ist Weisungsberechtigter, nicht aber Vorgesetzter, hierarchisch gesehen keine klare Situation.

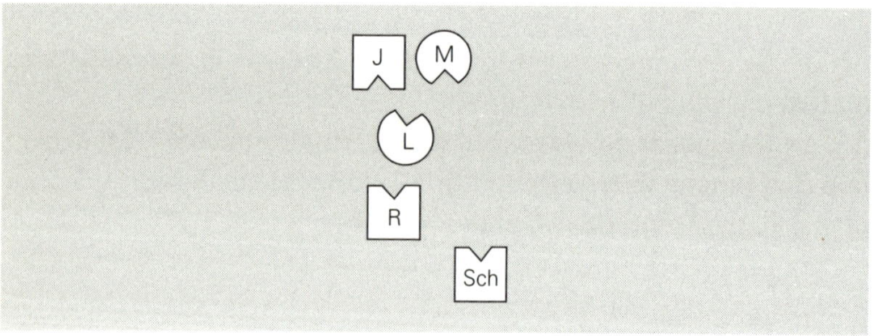

Abb. 3

Junge: „So ist mir wohler.“ (Er hat das Mädchen sichtbar gerne neben sich stehen.)
Mädchen: „Hier geht's mir gut.“ (Sie knufft den Jungen ein bisschen.)
Lehrerin: „Mit den Kindern ist es jetzt gut, aber der Rektor hinter mir, der passt mir nicht.“

Sie zählte so allerhand auf, was sie an ihm auszusetzen hat.

Beim Blick auf den Schulrat wurde sie ernster.

Ich schlug ihr vor, den Rektor anzuschauen und zu sagen: „Ich erkenne Sie als meinen Rektor an." Andrea sagte es, beide merkten, dass Andrea nicht die Wahrheit sagte.
Schulrat: „Ich kann das so nicht billigen." (Er schaute missbilligend auf die Lehrerin.)

Die „Schüler" wurden mittlerweile unruhig und beschäftigten sich miteinander.

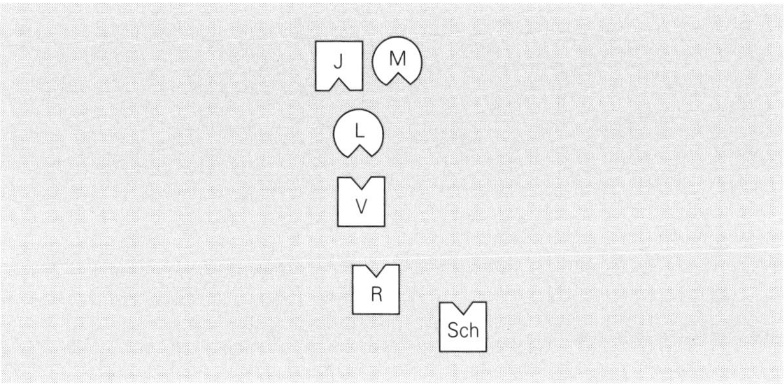

Abb. 4

Nun stellte ich hinter Andrea einen Stellvertreter für ihren Vater. Andrea fühlte sich deutlich gestärkt. Rektor und Schulrat sagten, sie seien entlastet.

Dann bat ich Andrea, sich umzudrehen. Sie stand jetzt dem Stellvertreter ihres Vaters gegenüber. Ihre Augen füllten sich mit Tränen.

Sie sagte: „Ich danke dir, dass du mir hier deine Kraft gibst." Dann weinte sie. „Wie schade, dass du jetzt gestorben bist." Der Tod des Vaters war gerade ein Jahr her. Die Anziehung zwischen Andrea und dem Stellvertreter ihres Vaters wurde so stark, dass Andrea jetzt in seinen Armen lag. Sie weinte und atmete tief. Sie sagte: „Die ganze Anspannung der letzten Monate weicht von mir."

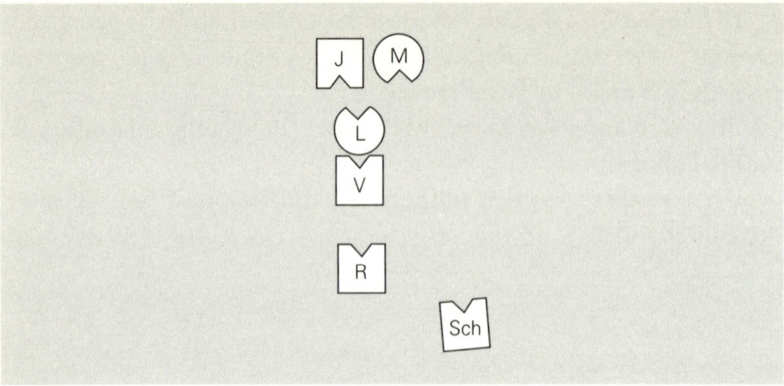

Abb. 5

Nun stellte sie sich noch einmal vor die Klasse (Mädchen und Junge), hinter sich ihren Vater, etwas weiter hinter ihr der deutlich erleichterte Rektor und noch etwas weiter hinten der Stellvertreter für den Schulrat.

Andrea sagte zu den Kindern: „Schaut, mein Vater steht hinter mir. Ihr seid meine Schüler, und ich achte euch und eure Eltern, die stehen auch hinter euch." Die Stellvertreter für die Kinder freuten sich sichtbar.

Ich riet Andrea, für eine kurze Zeit, ein bis zwei Wochen, ein kleines Bild ihres Vaters aufs Pult zu stellen. Sie solle den Schülern auch Auskunft geben, warum sie das tue. Etwa: „Vor einem Jahr ist mein Vater gestorben. Ich trauere noch um ihn und denke am Jahrestag an ihn. Außerdem spüre ich, dass er mir hier in der Klasse Kraft gibt für meine Arbeit."

Nach meiner Erfahrung interessieren sich die Kinder außerordentlich dafür, wie wir als Lehrer unsere Beziehung zu unseren Eltern gestalten.

Ich schlug ihr vor, den Kindern zu sagen, dass sie auch Kraft bekommen von ihren Eltern, wenn sie in der Schule sitzen.

Andrea sagte: „Ich freu mich zum ersten Mal seit Monaten auf die Schule."

Beim ersten Bild wurde deutlich, dass Andrea Jungen und Mädchen „dissoziiert". Sie standen sich gegenüber. Die Jungen waren nicht von ihr gestärkt, die Mädchen standen neben ihr, wurden zwar von ihr gestützt, spürten jedoch die Traurigkeit und auch das Unbehagen der Lehrerin, standen auf „ihrer Seite". Da gehören sie nicht hin.

Als Lehrkraft innerhalb dieser Organisation sollte sich Andrea eigentlich in ruhigem Einvernehmen mit ihrem Rektor und dem Schulrat befinden. Das konnten wir überprüfen, indem wir die beiden Personen aufstellten. Jetzt wurde durch die unzulängliche Beziehung zu Rektor und Schulrat klar, dass es ihr schwer fällt, Autoritäten anzuerkennen. Das hat zur Folge, dass Andrea selbst auch nicht Autorität für die Kinder sein kann. Die Verbindung mit der väterlichen Kraft war stärkend. Andrea war es bisher noch nicht gelungen, ihren Vater wirklich zu würdigen und anzuerkennen. Ich wusste das aus früheren Arbeiten mit ihr.

Erst in dieser höchsten Not, wo sie schon ihre körperlichen und psychischen Kräfte schwinden fühlte, konnte sie sich, posthum sozusagen, ihrem Vater in Liebe zuwenden und seine Kraft annehmen. Die Stellvertreter der Vorgesetzten waren sichtlich erleichtert, als diese Entspannung stattfand. Vorgesetzte spüren es unbewusst, ob die ihnen untergebenen Arbeitnehmer von sich aus das Autoritätsverhältnis anerkennen können und dabei selbst an ihrer Stelle zur natürlichen Autorität werden oder ob von ihnen ein Druck auf die Autoritäten ausgeht und ihr inneres Ringen um die Achtung der Vorgesetzten ständig unnötig Energie kostet. Nach der Anerkennung sagten auch der Rektor und der Schulrat, sie könnten jetzt bei Bedarf die Lehrkraft gut unterstützen.

Auch Andreas private Situation spiegelte den Konflikt wider, und sie konnte nach dieser Arbeit mit ihrer eigenen Tochter zunehmend besser umgehen, wie sie mir berichtete.

Ich sehe deine Trauer

Eine Lehrerin, tätig in einer 5. Hauptschulklasse, berichtete über eine Gruppe von vier Buben. Diese Gruppe bestand aus einem eindeutigen Anführer und drei Mitläufern. Die vier brachten soviel Unruhe in die Klasse, dass die Lehrerin bereits mit dem Rektor über mögliche Maßnahmen nachdachte. Der Schulleiter wollte den allgemeinen Sozialdienst holen und die Familien überprüfen lassen. Es war der Lehrerin jedoch unwohl bei dem Gedanken, dass der Anführer der Gruppe möglicherweise aus der Klasse herausgenommen würde. Zu oft hatte auch sie schon erlebt, dass nach solchen Maßnahmen die Klasse erschüttert ist und andere Schüler das auffällige Verhalten übernehmen. Aus diesem Grund wollte sie wissen, ob sie selbst etwas zu dieser Situation beitrage und sich durch eine neue Haltung die Situation beruhigen könnte.

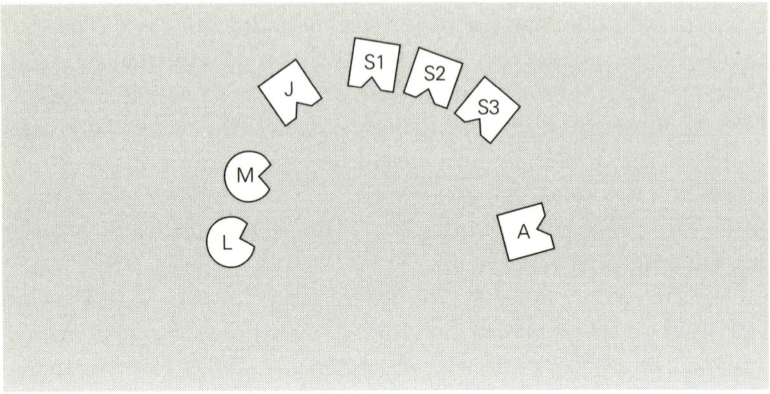

Abb. 1

L	Lehrerin	S1/S2/S3	Unruhestifter
M	alle Mädchen	A	Anführer der Unruhestifter
J	alle Jungen		

Lehrerin: „Es fällt mir schwer mit anzusehen, dass der Junge (A) weggeht."
Anführer: „Es zieht mich wirklich zum Fenster hinaus, aber auch zur Lehrerin." (Er macht eine halbe Drehung und streckt ihr seinen Arm hin.)
Unruhestifter: „Wir wollen ihm beistehen, aber wir wollen auch bei der Klasse bleiben. Wir sind nicht böse."

Die Lehrerin schaute sehr traurig auf den Jungen. – „Die ist zu traurig", dachte ich. So fragte ich sie, ob sie selbst einen nahen Angehörigen verloren habe. „Ja und nein", sagte sie. Ein Bruder war kurz nach ihrer Geburt an Kinderlähmung gestorben. Sie konnte sich nicht an ihn erinnern. Während sie jedoch auf den Jungen schaute, den es sichtbar wegzog, fing ihre Stellvertreterin an zu weinen. Es war, als würde der wegstrebende Junge die unbewusste Trauer in ihr aktivieren. Da holte ich noch einen Stellvertreter für ihren Bruder und stellte ihn neben ihre Stellvertreterin.

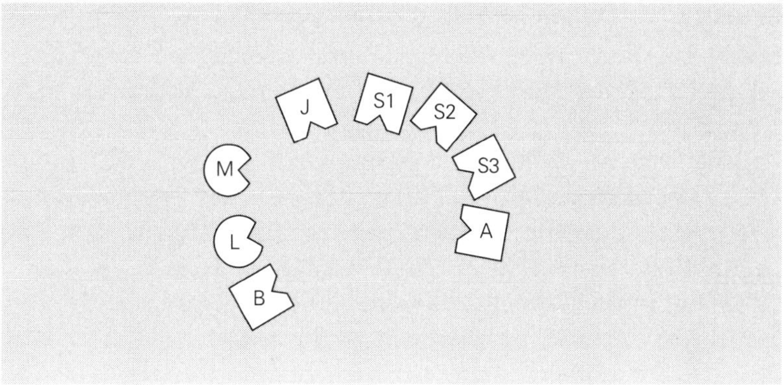

Abb. 2

B Bruder

Sofort hatten die beiden Körperkontakt, knufften sich und mochten sich. In der Zwischenzeit liefen der Lehrerin, die sich bis zu diesem Zeitpunkt noch nicht in die Aufstellung gestellt hatte, die Tränen über die Wangen.

Ohne mein Zutun ordnete sich das Bild von selbst.

Der Anführer mit seinen drei Komplizen stellte sich zu den Jungen, die Mädchen rückten näher. Es gab Ruhe in der Gruppe. Die Lehrerin stellte sich selbst hinein. Sie war sehr bewegt und nickte nur immer mit ihrem Kopf.

Jetzt riet ich ihr, sie solle nach einem Bild von ihrem verstorbenen Bruder suchen und es ein paar Tage auf ihr Pult stellen. Auch solle sie den Kindern von ihrem verstorbenen Bruder berichten.

In dieser Geschichte ist deutlich zu erkennen, dass gerade die unruhigen, auffälligen Schüler mitunter eine unbewusste Trauer oder andere seelische Belastungen der Lehrerin oder des Lehrers aufnehmen und in der Klasse ausagieren.

Ich weiß um deine Schmerzen

Hier berichte ich ein weiteres Beispiel, wie eine Schülerin unbewusst den Schmerz einer Lehrerin ans Licht brachte, weil sie denselben Schmerz trug.

Die Lehrerin einer 3. Grundschulklasse erzählte von einer Schülerin, die ungewöhnlich stark auf sie zuging, ihr stets auch körperlich zu nahe kam, ständig das Gespräch suchte. Wörtlich fragte die Lehrerin: „Was kann ich tun, dass ich dem Kind bis zum Ende des Schuljahres durch meine ständigen Zurückweisungen nicht schade?"

Das Mädchen stammte aus Kroatien, sprach jedoch schon gut Deutsch.

Die Lehrerin stellte eine Stellvertreterin für die Schülerin auf, etwa zwei Meter entfernt stellte sie sich selbst hin. Sofort spürte sie wieder diese Abwehr. Da stellte ich hinter die Schülerin, auch etwa im Abstand von zwei Meter eine Person für die Heimat Kroatien.

Sofort wollte die Stellvertreterin für das Mädchen zurückgehen. Neben ihrer Heimat Kroatien ging es ihr zunächst gut, doch nach einer Weile wurde sie so traurig, dass sie zu weinen anfing. Wir konnten uns das nicht erklären. Doch plötzlich sagte die aufstellende Lehrerin: „Das Kind hat seinen Vater in Kroatien verloren, der ist im Krieg gefallen."

Während wir den gefallenen Vater neben das Mädchen stellten, fing die Lehrerin selbst auch an zu weinen. Wir alle wussten schon warum, denn auch sie hatte ihren Vater verloren. Wir stellten einen Mann neben sie, für ihren Vater. Da wurde ihr das Herz warm. Die Stellvertreterin der Schülerin ging auf sie zu. Diesmal konnte die Lehrerin sie ohne weitere Schwierigkeiten in den Arm nehmen. Sie sagte zu ihr: „Ich weiß um deine Schmerzen."

Oft legen Schulkinder unbewusst den Finger auf schmerzende Stellen eines Lehrers oder einer Lehrerin. Wenn es gelingt, den eigenen, ähnlichen Schmerz wieder zu fühlen, klärt sich das Verhältnis.

Manchmal benutzen die Kinder jedoch auch die Lehrkraft, um eine Belastung, die sie von ihrer Familie her tragen, auszuleben.

Achtung vor dem Schicksal einer Schülerin

Eine Lehrerin berichtete einmal sehr aufgeregt, dass sie eine Wiederholungsschülerin habe, die in ihrer Klasse noch nicht ganz integriert war. Niemand wusste genau, wieso das intelligente Mädchen wiederholen musste. Der Lehrerin war nur bekannt, dass der Vater vor der Ehe mit der Schwester ihrer Mutter verheiratet war, die nach einigen Jahren an Krebs verstarb.

Diese Lehrerin also erzählte, dass die Schülerin sich in der sechsten Stunde so aufgeführt habe, dass ihr die Nerven durchgegangen waren und sie das Mädchen vor die Tür gestellt hätte. Fast mit Triumph in den Augen sei das Mädchen mit ihren modernen dicken und schweren Schuhen lauten Schritts aus der Tür gegangen. Das hatte die Lehrerin richtig gereizt. Gleichzeitig fühlte sie ihre Maßnahme wie ein pädagogisches Scheitern, abgesehen davon, dass es auch nicht erlaubt ist, eine Schülerin oder einen Schüler allein vor die Tür zu stellen.

Mir fiel als Erstes auf, dass die Schülerin den Ausschluss gesucht hatte. Sie war intelligent und dennoch durchgefallen, sie reizte die Lehrerin, bis diese sie ausschloss. Ich sagte: „Das Kind will euch etwas mitteilen!"

Gleichzeitig berichtete die Lehrerin, dass sie gerade in den letzten Wochen einen zarten Kontakt zu dem Mädchen geknüpft hatte, und konnte auch über einige Vertrauensbeweise des Mädchens berichten.

Wir stellten die Situation auf:

Abb. 1

L	Lehrerin	SM	verstorbene Schwester der Mutter
S	Schülerin	V	Vater
M	Mutter der Schülerin		

Das Bild machte deutlich, dass die Schülerin mit ihrer verstorbenen Tante identifiziert war.

Sie nahm ihre Mutter nicht als Mutter wahr und hatte nur dieses zarte Band der Zuneigung zur Lehrerin.

Schülerin: „Ich stehe hier bei meiner Tante, da geht es mir gut. Mit Mutter und Vater gibt es keinen Kontakt. Die Lehrerin ist mir angenehm."

Nun bat ich die Lehrerin, sich ganz leicht vor dem Mädchen zu verneigen und ihr zu sagen:
Lehrerin: „Ich achte dein Schicksal. Ich weiß, dass du dein Leben dem Tod deiner Tante verdankst."

Dann verneigte sie sich noch mal.
Schülerin (spontan): „Jetzt hast du mich verstanden."

In einer späteren Supervisionsstunde berichtete die Lehrerin, das Verhältnis zu diesem Mädchen habe sich entspannt. Sie sei sogar mehrmals zu ihr gekommen und habe soziale Ämter in der Klasse übernommen. Sie führe Kinder vor acht Uhr über die Straße und bringe erkrankten Kindern die Hausaufgaben.

Aus den Erfahrungen mit dem Familien-Stellen weiß ich, dass Kinder mit einem früheren Partner von Vater oder Mutter identifiziert sein können, vor allem wenn ihr Leben mit dem Tod des früheren Partners verknüpft ist wie hier. Das ist ein seelischer Konflikt, und das Mädchen versucht ihn dadurch zu lösen, dass sie immer wieder geht, so wie ihre Tante gegangen ist. Sie ahmt deren Schicksal unbewusst nach. Die Lehrerin hatte die Dynamik des Mädchens aus dem Bild erkannt und konnte sie achten. Ohne dass sie jemals mit dem Mädchen darüber gesprochen hatte, brachte diese Erkenntnis Entspannung in das Verhältnis zwischen den beiden.

Dietrich geht einfach nicht zur Schule

Einmal rief mich die Mutter eines 15-jährigen Jungen verzweifelt an. Der Junge weigerte sich seit einigen Wochen, zur Schule zu gehen. Sie war allein erziehend, musste zur Arbeit gehen und konnte den Jungen ja auch nicht zur Schule prügeln. Er bestand darauf, zu Hause zu bleiben. Der Bub war ein guter Schüler, hatte Freunde in der Klasse, im schulischen Bereich gab es keinen ersichtlichen Grund für ihn, nicht mehr zum Unterricht zu kommen.

Die Mutter kam mit Dietrich in meine Sprechstunde. Ich sagte zu dem Jungen, dass ich annähme, er würde selbst nicht wissen, warum er nicht mehr zu Schule gehe. Der Bub nickte ernst. Ich bat die Mutter, die sofort in meiner Gegenwart mit logischen Argumenten auf ihn einreden wollte, erst einmal nichts zu sagen. Dann stellte ich Fragen. Dabei hörte ich, dass der Vater sich rasch nach Dietrichs Geburt zurückgezogen hatte und nur wenig Kontakt bestand. Auf die Frage, ob in der Familie des Vaters etwas Schlimmes passiert sei, wollte die Mutter zunächst nicht antworten. Plötzlich war eine ganz dichte Atmosphäre entstanden, so wie ich es immer erlebe, wenn Wesentliches an den Tag kommt. Aus unerklärlichen Gründen hatte der Vater des Jungen die Mutter gebeten, Dietrich nie zu erzählen, wie der Bruder des Vaters, also Dietrichs Onkel, umgekommen war. Nun erzählte sie es ihm. Als der Großvater und seine zwei Söhne im Krieg waren, lebte der 15-jährige Bruder, ein Nachzügler, als Einziger bei der Mutter zu Hause. Noch im März 1945 wurden junge Männer in seinem Heimatort einberufen und als Flakhelfer eingesetzt. Der Bruder des Vaters war gerade um wenige Monate zu jung gewesen. Seine Mutter war sehr froh, den Jungen behalten zu dürfen. Dann war der Bub aber doch weggelaufen und gesellte sich heimlich zu seinen kaum älteren Kameraden. Beim ersten Einsatz kam er um. Die Mutter des Jungen, also Dietrichs Großmutter, hatte darüber beinahe den Verstand verloren. Nach dem Krieg gebar sie mit fast fünfzig Jahren noch einen Sohn, das war Dietrichs Vater.

Dietrich reagierte heftig auf die Schilderung seiner Mutter. Ja, er klagte laut: „Warum habt ihr mir das nicht gesagt, warum habt ihr mir das nicht gesagt?" Wir verabschiedeten uns kommentarlos. Nach zwei Wochen berichtete mir die Mutter, dass Dietrich seit dem Tag unserer Sitzung wieder zur Schule gegangen sei.

In sehr vielen Familien werden unbewältigte Kriegsschicksale als Tabu behandelt und nicht weitererzählt. Die unbewältigte Trauer wirkt durch die Generationen und entfaltet unbewusst, wie hier bei Dietrich, eine symbolische Dynamik. Dietrich blieb, stellvertretend für den gefallenen Onkel, zu Hause. Das aber nützte niemandem mehr, er schloss sich stattdessen aus und schadete sich. Als er die Geschichte erfuhr, konnte die Trauer um den gefallenen Onkel aus ihm herausbrechen. Der Ausbruch leitete Beruhigung ein.

Mama, Mama, Ich laufe nie wieder fort!

In diesem Beispiel berichte ich über eine Arbeit mit einem Elternpaar, deren Sohn (neun Jahre alt) sich schon lange Zeit allen Anforderungen zu Hause und in der Schule widersetzte. Seit einem halben Jahr lief er ständig weg und musste sowohl auf dem Schulweg als auch in der Pause beaufsichtigt werden. Der Vater hatte seinen Jungen bereits aus vielen größeren deutschen Bahnhöfen zurückgeholt. Niemand konnte sich das Verhalten des Kindes erklären. Die Schule wollte die Verantwortung für die Aufsicht des Jungen nicht mehr tragen, so kamen die Eltern sehr verzweifelt in die Supervision.

Auf meine Frage, was vor einem halben Jahr denn geschehen sei, gab die Mutter nur an, sie sei Spanierin, habe seit ihrem sechsten Lebensjahr mit ihren Eltern in Deutschland gelebt und vor zehn Jahren einen deutschen Mann geheiratet. Die spanischen Eltern waren im Rentenalter zurück nach Andalusien gezogen, wo die Mutter vor einem halben Jahr verstorben war.

Zunächst konnte ich daraus keinen Anhaltspunkt für das Verhalten des Jungen erkennen.

Dennoch war dieser Bericht eine gewisse Fährte, und ich verfolgte sie noch ein wenig.

Aus vielen Arbeiten weiß ich, dass in Kindern ausgewanderter Eltern die Liebe zur verlassenen Heimat und das Heimweh lebendig werden, obwohl sie dieses Land wenig kennen, während die Eltern selbst kein Heimweh verspüren und aufrichtig bemüht sind, den Kindern eine gute Heimat zu schaffen.

So bat ich die Frau, sich, ihren Sohn und ihre andalusischen Eltern mithilfe von Stellvertretern aufzustellen.

Die Stellvertreterin der Frau fing, als sie vor den Eltern stand, sehr schnell an zu weinen.

Sie sagte zu ihren Eltern: „Ich habe meine Heimat verlassen und einen deutschen Mann geheiratet. Hier ist unser Kind. Der Verlust meiner Heimat schmerzt mich."

Da nahm der Stellvertreter des Vaters seine Tochter in den Arm (sie hatte sich bald selbst anstatt ihrer Stellvertreterin in die Aufstellung gestellt), und beide weinten. Später nahm er auch den Stellvertreter seines Enkels in den Arm und sagte zu ihm: „Deine Heimat ist Deutschland, und Andalusien darfst du lieben." Das mochte der Junge.

Als die Frau sich wieder auf ihren Platz setzte, bemerkte sie plötzlich: „Ich habe nicht gewusst, dass ich Magendruck hatte, aber jetzt weiß ich es, denn er ist weg."

Zwei Tage nach der Supervision rief sie mich an. Sie erzählte mir, dass ihr Sohn die Tür geöffnet habe, als sie mit ihrem Mann von der Supervision zurückkam. Er sei zu ihr gesprungen, habe sie gedrückt und gerufen: „Mama, Mama, ich laufe nie wieder fort."

Der Junge hatte nicht gewusst, dass die Eltern in der Supervision waren, dennoch hatte er die Entlastung der Mutter gespürt. Ein Jahr später traf ich dieses Paar in einem Familienseminar wieder. Sie waren überglücklich, ihr Sohn hatte sich positiv entwickelt. Er war nie wieder ausgerissen und konnte in seiner Schule verbleiben.

Die Mutter des Jungen trug, ohne es zu wissen, die Sehnsucht nach ihrer Heimat in Form eines unbewussten Magendrucks in sich. Kinder spüren es, wenn ihre Eltern unter einem ständigen Druck stehen. Sie tragen, ebenfalls unbewusst, an der Spannung mit und suchen nach einem Ausgleich, was in der Widerspenstigkeit des Jungen zum Ausdruck kam. Als die Großmutter des Kindes in Andalusien starb, muss diese Sehnsucht noch einmal eine Veränderung erfahren haben, so als habe die junge Frau jetzt die Verpflichtung zurückzukommen. Das schien der Junge durch seinen Reisetrieb stellvertretend für seine Mutter auszudrücken. Als die Frau in der Supervisionsstunde im Arm des Stellvertreters ihres Vaters diesen vorher unbewussten Schmerz spürte, lösten sich ihre Verspannungen. Der Junge kann sich jetzt frei entwickeln.

Gewalt in der Schule

Gewalt in der Schule, gepaart mit Drogensucht, wurde in den letzten Jahren zu einem schweren, in manchen Klassenverbänden kaum zu bewältigenden Thema.

Lehrer in solchen Klassen sind oft verschlissen zwischen dem Bedürfnis vieler Kinder nach ruhiger Arbeitsatmosphäre und der Unruhe und Aufmerksamkeit, die gewaltbereite Jugendliche auf sich ziehen. Je klarer ein Lehrer zu seinem Auftrag steht, nämlich dass er in der Klasse eine Atmosphäre schaffen soll, die Unterricht möglich macht, desto deutlicher kann er auch die Grenzen seiner Möglichkeiten im Rahmen dieser Anforderungen einschätzen. Gewaltbereite Schüler überfordern die Kräfte eines Lehrers und einer Schulklasse. Hier sollten das Lehrerkollegium und der Rektor die Mitverantwortung tragen. Sehr oft geht es dabei um Gespräche, Beobachtungen und Einschätzung der Situation im Vorfeld irgendwelcher Vorkommnisse und um Mitteilung der Beobachtungen an die Eltern.

In den Supervisionen sehen wir zunehmend, wie die Lehrer sich vereinsamt fühlen und voller Angst, ausgeliefert einer Gruppe von gewaltbereiten Jugendlichen. Sie erleben diese Situation als Folge ihrer Unfähigkeit und sind allzu oft geneigt, darüber zu schweigen, aus Angst, ihre „Unfähigkeit“ komme vor dem Kollegium ans Licht.

Wir haben immer darauf hingearbeitet, dass sich Lehrer wieder dem gesamten Kollegium zugehörig fühlen können und hier unmittelbare Unterstützung suchen. Darüber hinaus kann der Blick auf die Schulleitung, die Schulbehörde, alle administrativen Stellen und die Eltern zeigen, dass größere Probleme nicht von der Lehrerin, dem Lehrer allein gelöst zu werden brauchen. Wenn sich die Lehrerin innerlich aus diesem überzogenen Anspruch zurückzieht, entspannt sie sich und wirkt in ihrer Entspannung beruhigend auf die Gesamtsituation ein. Gute Lösungen, die im Sinne aller beteiligten Schüler und Eltern sind, können in so einer entspannten Situation leichter gefunden werden.

Wir haben uns nicht gekümmert

In einer Schule hatte ein längst als auffällig erkannter 16-jähriger Schüler während zwei Schulstunden die Lehrerin mit einer geladenen Waffe bedroht und die ganze Klasse auch während der dazwischen liegenden Pause zum Verbleib im Klassenzimmer gezwungen. In der Supervisionsstunde konnten sich die betroffene Lehrerin und alle Kollegen zu diesem Vorfall äußern. Mindestens zehn von fünfzehn anwesenden Kollegen war aufgefallen, dass die Lehrerin keine Pause gemacht hatte und die Klassenzimmertür geschlossen blieb. Ein kurzer Blick in das Klassenzimmer hätte die Situation sofort gewendet. Dem Kollegium wurde in aller Deutlichkeit klar, wie wichtig es ist, zusammenzurücken. Sie fühlten sich ihrer Kollegin gegenüber schuldig.

Darüber hinaus war einige Wochen vorher ihr Antrag, in der Lehrerkonferenz über diesen Schüler zu sprechen und ihn einzuschätzen, abgewiesen worden.

Der Direktor gehört dazu

In der Supervision eines Lehrerkollegiums war einmal ein Großteil der Lehrer anwesend, nicht aber der Direktor. Die Lehrer zeigten sich darüber böse, auch entmutigt und schimpften über ihn.

Es ging um eine wirklich wichtige Angelegenheit für die ganze Schule. Auch ich war der Meinung, dass das Kollegium ohne den Direktor in dieser Sache nicht beschlussfähig sei. In der Zusammenkunft konnten die Lehrer lediglich Entscheidungshilfen entwickeln und Vorschläge sammeln.

Dann verriet ich ihnen einen Trick und stellte einen leeren Stuhl neben mich. Es war der leere Stuhl des Direktors.

Nun bat ich die Lehrer, dass die ganze Sitzung über jeweils für zehn Minuten einer von ihnen auf diesem Stuhl sitzen solle. Wir begannen mit der Arbeit. Das Kollegium war ruhig geworden und fand gute Lösungsvorschläge. Auch äußerten sich mehrmals einzelne Lehrer, die gerade auf dem Direktorenstuhl saßen, aus der (vermutlichen) Sicht des Direktors. Es schien, als wäre er wirklich anwesend.

Am Ende der Sitzung fragte ich die Repräsentanten für den Direktor, wie sie sich auf dem Stuhl gefühlt hatten. Einer sagte: „Wenn der sich in Wirklichkeit so fühlt, wie ich mich auf dem Stuhl gefühlt habe, dann kann er ja gar nicht anders handeln, als er es tut. Ich fühlte mich schwach und sehr bedrückt.“ Die anderen berichteten von ähnlichen Wahrnehmungen.

Vierzehn Tage später bekam ich eine Rückmeldung. Die Stimmung in der Schule war umgeschlagen. Die Lehrer berichteten über erstaunlich gute, neue Erfahrungen mit ihrem Direktor. Er hatte sich über unsere Supervisionssitzung berichten lassen, war den Lösungsvorschlägen des Kollegiums gegenüber offen. Er wird bei der nächsten Supervision anwesend sein.

Wie bis zum heutigen Tage die Folgen der NS-Zeit auch für Lehrer in ihrem Beruf spürbar und sichtbar werden können, zeigen die folgenden beiden Beispiele.

Ich erkenne Sie als meinen Rektor an

Ein Lehrer schilderte, dass er Probleme mit seinem Rektor habe. Er war wegen disziplinärer Schwierigkeiten in einer Klasse ins Rektorat gebeten worden. Die Art, wie der Rektor mit ihm in abwertendem Ton über die Vorkommnisse in der Klasse sprach, war entwürdigend und mache ihn „bockig“, wie er sich selbst beschrieb. Er war ja ohnehin an der Änderung der Zustände in der Klasse interessiert und hätte Hilfe gebraucht, nicht aber Zurechtweisung.

Ich schlug ihm vor, einen Vertreter für den Rektor und einen für den Lehrer aufzustellen. Die beiden Männer standen sich gegenüber, etwa zweieinhalb Meter voneinander entfernt. Der Stellvertreter des Lehrers begann bald, seinen Kopf zu senken, sich eher klein zu machen, er äußerte lebensbedrohliche Ängste. Ganz anders war es beim Stellvertreter des Rektors. Der fühlte sich unnatürlich groß, schien zu wachsen, und, was besonders auffiel, er blickte auf seine Hände, die sich auch für unsere Augen gewaltbereit und wie riesige Schaufeln ausnahmen. Die Situation war eindeutig: Der Stellvertreter des Lehrers hatte Angst und fühlte sich klein, der Stellvertreter des Rektors dominierte.

Ich fragte den Aufstellenden, wie es ihm mit seinem Vater ginge, was er mit ihm erlebt habe und was der Vater selbst – eventuell im Krieg – erlebt habe. Da zeigte sich, dass der Vater seinen Sohn stets dazu angehalten hatte, mit seiner Meinung zurückzuhalten. Er hatte Angst, dass sein Sohn als Student demonstrieren würde, ja eventuell durch Widerstand seine Lehrerstelle verlieren könnte. Befragt, was der Vater denn selbst erlebt habe, erzählte der Lehrer folgende Geschichte: „Im Krieg war mein Vater in einem jugoslawischen Bergwerk als Kriegsgefangener für drei Jahre zu schwerster Zwangsarbeit verurteilt. Er hatte einen jugoslawischen Vorarbeiter, von dem er immer wieder sprach. Es war nicht leicht für mich zu hören, wie mein Vater von diesem gewalttätigen Mann unterdrückt und immer wieder lebensgefährlich bedroht worden war." Diese Konstellation spiegelte sich in der Aufstellung des Sohnes deutlich wider.

Ich schlug dem Lehrer vor, auch seinen Vater und den Vorarbeiter aufzustellen.

Bald standen diese beiden Stellvertreter mit identischen Gebärden und Gefühlsäußerungen voreinander.

Der Lehrer war bewegt und stellte sich selbst in die Aufstellung hinein. Ich schlug ihm vor, den Stellvertreter seines Vaters anzuschauen. Als er es tat, verneigte er sich ohne Aufforderung vor ihm. Danach umarmten sich die beiden Männer spontan.

In der Zwischenzeit atmeten die beiden „Bösen" auf. Der Stellvertreter des Vorarbeiters zog sich zurück, der Stellvertreter des Rektors fühlte sich, wie er sagte, wieder normal.

Aufgefordert, sich noch einmal vor den Stellvertreter des Rektors zu stellen, konnte er ihm klar ins Gesicht sehen, sich dann neben ihn stellen und ihn damit als Autoritätsperson und als Kollegen anerkennen.

Die Geschichte zeigt eine doppelte Verschiebung. Der Sohn fühlt, wie der Vater sich unter der Herrschaft des Vorarbeiters innerlich aufgelehnt hatte, äußerlich jedoch keine Möglichkeit dazu hatte, ohne sein Leben aufs Spiel zu setzen. Er beschließt, es für den Vater zu tun. Jetzt aber verwechselt er die primäre Ebene mit seiner gegenwärtigen Situation: Er erlebt dieses völlige Ausgeliefertsein als Kriegsgefangener in seiner Situation mit dem Rektor.

Wann werde ich dazugehören?

Einmal kam eine Lehrerin aus der Schweiz in die Supervision.

Sie war vor vielen Jahren nach einem Auslandspraktikum an einem Schweizer Gymnasium nicht mehr nach Deutschland zurückgekehrt, obwohl sie in Deutschland schon eine Stelle nach ihrem beendeten Referendariat bekommen hatte. Es wurde ihr jedoch auch in der Schweiz eine gute Stelle angeboten, die sie antrat. Sie fand ihren Mann dort, heiratete und hatte bereits zwei erwachsene Kinder. Ganz im Inneren jedoch verspürte sie ein Gefühl, nicht dazuzugehören, von den Kollegen abgelehnt zu werden, ja sie hatte sogar die Angst, ihr Mann könnte sie eines Tages ablehnen, sie sagte: „... als Deutsche ablehnen".

Wir stellten das Schulsystem auf, weil es ihr zunächst darum ging. Hier konnte man gut sehen, dass die Stellvertreterin der Lehrerin wegdrängte, alle anderen Stellvertreter, die Kollegen, die Schulbehörde, die Kinder wollten, dass sie näher käme. Das erschütterte die Lehrerin.

Nun gingen wir doch zurück zum Anfang ihrer Auslandskarriere. Wir stellten beide Eltern auf, die ausländische Schulbehörde und die Lehrerin. Die Stellvertreterin der Lehrerin „flog" zu ihrem Vater, sie lag in den Armen des Stellvertreters ihres Vaters und weinte.

Nun erzählte sie ihre Geschichte: Der Vater war nicht einverstanden gewesen mit ihrer Emigration, bis zum heutigen Tage nicht. Nie hatte sie sich seine Trauer und seine Klagen angehört. Das früher sehr herzliche Verhältnis war seit ihrer Emigration buchstäblich eingefroren. Nun stand sie vor beiden Eltern, sah ihre Trauer, erkannte sie als Eltern an und bat sie um ihren Segen. Da brach der Stellvertreter des Vaters in starkes Weinen aus, er schien sehr schwach, so als bedürfe er ihrer Hilfe, ließ sie aber dann doch ziehen. Hinterher erzählte mir die Lehrerin, dass der Großvater während der NS-Zeit als Ortsgruppenleiter Juden davon abgehalten hatte auszuwandern. Sie waren ins KZ gekommen. Dafür hatte die Lehrerin unbewusst die Emigration von ihrem Vater abgetrotzt. Nachdem sie sich vor den Eltern verneigt und von ihnen verabschiedet hatte, konnte sie gut innerhalb ihrer Schule bei den Kollegen stehen.

Die Angst

Angst ist ein zentrales Thema in der Schule. Wir alle kennen sie. Sie ist physisch zu riechen in den Schulfluren und Klassenzimmern. Wie viele Kinder sitzen in den Schulen, deren Eltern sagen: „Ich kann die Schule nicht mehr riechen!" Sie sagen das ernst und meinen, dass sie mit der Angst nichts mehr zu tun haben wollen.

Angst und Lernen gehören zusammen. Wenn Kinder etwas Neues lernen, und das tun sie jeden Tag, so gibt es ganz natürliche Ängste (Simon 1995, S. 180).

Kinder scheinen von einem Wissen und Können abgeschnitten zu sein, es gibt Ängste, ob sie den Stoff richtig verstanden haben, ob sie alles behalten können, Angst vor dem Lehrer, der es besser weiß, Angst vor dem Versagen in den Proben. Und manchmal, ohne zu merken an welcher Stelle, verwandelt sich eine Schülerangst in Aggression gegen den Lehrer, gegen die Schule, gegen die Eltern, gegen die Gesellschaft.

Aber auch Lehrer sind von Ängsten befallen. Sie haben Angst, ob in den sich täglich wandelnden Schulsituationen ihre Spannkraft genügt, Angst, ob sie den Aggressionen der Schüler standhalten können, Angst, ob sie im Kreise der Kollegen anerkannt sind, Angst vor Visitation durch die Schulbehörde, Angst vor den eigenen Aggressionen, die plötzlich durchbrechen und die Schüler erreichen.

Dasselbe gilt für Eltern. Auch sie haben Angst, dass ihre Kinder nicht mitkommen in der Schule, dass sie sozial nicht geachtet werden, sich nicht durchsetzen können oder zu aggressiv sind, vielleicht auch verführt werden, um nur wenige Ängste zu nennen. Jeder Lehrer erkennt die Kinder, die buchstäblich mit den Ängsten ihrer Eltern in der Schule sitzen.

Wenn Ängste von Schülern auf Ängste einer Lehrerin oder eines Lehrers treffen, ergeben sich meist ganz besondere Schwierigkeiten in der Kommunikation zwischen Lehrern und Schülern.

Manchmal scheint es, als sei die Schule der große Ort für Schüler, Lehrer und Eltern, an dem sich Ängste sammeln können, wo Ängste, die zu stark werden, sich in Aggressionen verwandeln.

Meine Ängste bedrohen mich

Einmal sagte eine Lehrerin in der Supervision: „Meine Ängste bedrohen mich, sie bedrohen mein Leben."

Zunächst sprachen wir über Gefühle und wie man sie bewusst fühlend durchsteht, bis sie zu Ende gehen. Die Angst der Lehrerin jedoch schien kein einfaches Gefühl mehr zu sein, sie war ein Zustand, von dem ihr Körper bereits voll ergriffen war, manchmal bis hin zur Panik.

Das stellten wir auf. Zwei Stellvertreter für eine Klasse, in der sie besonders ihre Angst spürte, weitere Vertreter für ihre Kollegen, die Direktorin, die Schulbehörde und die Eltern.

Als alle standen, stellten wir die Angst zur Lehrerin. Es dauerte eine Weile, bis die Lehrerin sich so drehte, dass sie der Stellvertreterin der Angst begegnen konnte. Es war wie ein wortloser Tanz der beiden umeinander, in Zeitlupe. Als sich die beiden endlich ansahen, zitterte die Lehrerin erst und verneigte sich dann vor der Angst. Nun ging der wortlose Tanz weiter, bis die beiden friedlich nebeneinander standen, ja sie waren sogar mit den Armen eingehakt. In dem Moment, als die Lehrerin ruhig mit der Angst stand, begannen hintereinander die anderen Protagonisten von sich aus zu sprechen. Erst die Kollegen: „Die Angst gehört auch zu uns", dann die Eltern: „Die Angst gehört zu uns." Es schlossen sich die Rektorin und das Schulamt an. Die beiden Stellvertreter für alle Schülerinnen und Schüler aber sagten: „Eigentlich gehört sie zu uns, denn Lernen und Schule machen Kindern Angst. Wir tragen sie gerne, wenn ihr uns dabei helft." Das war ein erlösender Satz.

Die Stellvertreterin der Angst ging zu den Kindern, und alle anderen Stellvertreter schauten mit Verständnis auf die Schüler mit ihrer Angst.

Die Angst aber sagte: „Ich gehöre zu euch allen, auch wenn ich meistens bei den Kindern stehe und manchmal bei Lehrern."

In der Aufstellung wurde deutlich, wie die Schule zum Brennglas von Ängsten wird. Natürlich gehört Angst zu unserem Leben, weil wir Getrennte sind, getrennt von der Mutter, getrennt von den Eltern, getrennt vom Wissen, getrennt oft vor allem von der Liebe. Es tut den Schülern gut, wenn Lehrer um diese Hintergründe wissen, sie wahrhaben wollen, ihre eigenen Ängste anerkennen und die Kinder in ihren Ängsten begleiten und halten.

Der Lehrerin ging es deutlich besser.

7. Schluss

Eine gute Nachricht

Liebe Leserin, lieber Leser! Auf dieser Reise durch die verschiedenen Ebenen schulischen Lebens haben Sie sicher gespürt, dass es eine Grundvoraussetzung für Lernen gibt, das ist die *Erfahrung*. Mit den Methoden des Familien-Stellens konnten die Kinder ihre Einbindung in die Herkunftsfamilie leiblich erspüren und waren in der Lage, durch neue Haltungen die Beziehungen zu Mutter, Vater, den Geschwistern und Freunden liebevoller zu erleben. In der Imagination erfuhren sie von Bereichen in ihrem Körper und Geist, die sie bis dahin nie genutzt hatten. In der systemisch-konstruktivistischen Betrachtungsweise weitete sich ihre Einschätzung von der Welt, sodass ihre Handlungen durch eine zunehmende Fülle von Ideen und Möglichkeiten getragen waren. Sie lernten vom Guten des Bösen und auch über ihre menschlichen Eltern, die selbst oft nicht einsehen möchten, dass sie gut und böse sind. All das konnten die Kinder erfahren, es gab kein Lehrbuch, kein Lehrziel, keine Prüfung.

Die systemische Arbeit in der Schule soll Wegbereiterin sein für ein neues Schulkonzept, in dem die Schule ein Teilbereich wirklichen Lebens ist, die Erfahrung Grundlage des Lernens darstellt. Dann dient Schule nicht mehr als „Erfahrungsersatz" (Marquard 1986, S. 104).

In seinem Aufsatz „Was heißt schon Erfahrung?" beschreibt Peter Fauser (2000) den Verlauf des roten Fadens „Lernen aus Erfahrung" durch die Geschichte. Die Idee des Erfahrungslernens lässt sich bis in die griechischen Antike verfolgen (Buck 1989).

In der jüngeren Geschichte unserer Kultur wissen wir von Rousseau und Emile, Georg Kerschensteiner und seiner Arbeitsschule, Maria Montessori mit ihrer „vorbereiteten Umgebung", Freinet mit seiner Freiarbeit, um nur einige Namen aus der Reformpädagogik zu nennen. Sie alle haben über ihre Unterschiede hinweg einen gemeinsamen Bezugspunkt (Flitner 1992): Lernen und Erziehung sind bestimmt durch eigene Tätigkeit der Schüler und die daraus gemachten Erfahrungen. Hartmut von Hentigs *Schule als Erfahrungsraum* (1973) und die von ihm gegründeten Reformschulen, die Bielefelder Laborschule und das Oberstufenkolleg weisen ebenfalls zurück auf diese alten Wurzeln des Erfahrungslernens.

Während ich dieses Buch abschloss, fand ich in der Zeitung DIE ZEIT (Nr. 15, 5. April 2001) in der Beilage LEBEN (S. 3) unter der Rubrik „Glauben" (gemeint sind hier festgeschriebene oder sich wandelnde Glaubenssätze einer Gesellschaft) den Artikel „Zu Hause in der Schule". Der Artikel beschreibt einen sich (vorsichtig) abzeichnenden Glaubenswandel über die Einschätzung von Schulkonzepten in unserer Gesellschaft und in der Politik.

Ziel ist es, die oben beschriebene Schule als Erfahrungsraum im Sinne einer Ganztagsschule im Regelschulbereich einzuführen. Die mit sechs Unterrichtseinheiten angefüllten Schulvormittage legitimierten sich bisher durch die Vorstellung, Kinder seien ab Mittag zu Hause in der Obhut ihrer Mütter am besten aufgehoben und damit solle der Hauptteil des Erziehungsauftrags bei den Eltern verbleiben. Wir alle wissen, dass Eltern nicht in der Lage sein können, Kindern und Jugendlichen an den Nachmittagen einen angemessenen Raum zu bieten, in dem sie sich weiter entdecken, in Gemeinschaft leben, sich sozial bewähren können. Zudem kennen wir die Art der Erschöpfung von Kindern und Jugendlichen nach sechs Stunden Unterricht. Der passive Stress dieser Vormittage reißt sie aus ihrem natürlichen Rhythmus und bringt sie in Formen von Erschöpfung und Aggression, die an den Nachmittagen oft stundenlang nicht abgebaut werden können. Sie sind dann weder in der Lage, sich bei Spiel oder Sport zu erholen, noch können sie lernen oder anderweitig kreativ sein.

Die eindeutig negativen Bewertung des mathematischen und naturwissenschaftlichen Unterrichts durch die TIMMS-Studie (2000) rüttelten Wirtschaft und Politik auf. Schulen in Deutschland sollen in Zukunft für Kinder einen besseren Entwicklungsboden bieten. Sie sollen ihnen ermöglichen, in ihrem eigenen Rhythmus und in behüteter Umgebung, mit angemessenen Erholungsangeboten in den

Pausen, *Erfahrungen* zu machen und daraus zu lernen. Kinder können an den Nachmittagen ihre gemeinschaftlichen Vorhaben und Projekte weiterführen. Die Selbstverständlichkeit, in der sie ihren ganzen Tag gemeinsam verbringen, ermutigt zur Hoffnung, dass sie als Erwachsene entsprechend dieser Gewohnheit auch fähig werden, selbst ihr Alltagsleben in vernünftigen Rhythmen zu gestalten.

Die Konzepte der staatlichen Ganztagsschule Werbellinsee-Grundschule in Berlin zum Beispiel bieten bereits vieles von dem, was sich meine Schülerinnen und Schüler jahrelang vorgestellt und erhofft haben. Die Kinder fühlen sich zu Hause in ihrer Schule, betreuen Stallhasen und Grünpflanzen, bereiten Kunstausstellungen von ihren Malarbeiten vor, spielen zwischen den Unterrichtseinheiten Tischtennis, treffen sich in Kuschelecken und essen am Mittag gemeinsam. Alles Lernen findet im Rahmen von Projekten statt. Die Gesamtschule Hagen-Haspe verfolgt ein Konzept, das zum Beispiel in den Fächern Physik und Biologie das Klassenzimmer vollständig in den Wald verlegt. Die Kinder züchten Bienen, schneiden Holz, messen mit einem Wissenschaftler Schadstoffwerte und bauen ein Photovoltaikdach. „Hier trifft man auf selbstbewusste Kinder, mit eigenem Antrieb, die sogar dann, wenn der Lehrer wegen regenklammer Novemberkälte frei gegeben hat, frierend im Bach stehen, bei ihrer Arbeit kaum ansprechbar“ (DIE ZEIT, Nr. 15, 5. April 2001, Leben, S. 3).

In diesen Schulen lernen die Kinder konsequent in Projekten. Besonders motivierend sind Arbeiten im Rahmen der wirklichen Arbeitswelt wie zum Beispiel eine Teilnahme von Schülergruppen an einem Architektenwettbewerb oder die Gründung einer Firma. Alle zu erlernenden Techniken und alles Grundwissen werden im lebendigen Rahmen der Projekte vermittelt. Schrittweise übernehmen Kinder und Jugendliche Verantwortung.

Eltern, die ihre Kinder in solchen Schulen wissen, können in Ruhe ihren beruflichen Aufgaben nachgehen. Dazu bedarf es des Engagements aller.

Wenn diese Schule „Schule macht“, so leitet das einen kulturellen Wandel ein!

Wichtige Nachbemerkung für Lehrer

Es gehört nicht zum pädagogischen Auftrag der Schule, Familien aufzustellen, und ich rate jedem Lehrer davon ab, dies zu tun.

Ein Teil der hier dargestellten Arbeiten mit Aufstellungen sprengte zweifellos den Rahmen meines beruflichen Auftrags. Der Einfluss meiner therapeutischen Ausbildung ereignete sich spontan. Ich habe diese Arbeiten gewagt, weil ich älter war, therapeutisch gut ausgebildet und mit den Eltern einen vertrauensvollen Kontakt aufgebaut hatte. Wäre ich länger als Lehrerin in der Schule geblieben, ich hätte sicher im Rahmen des Unterrichts mit dem Stellen von Familien aufgehört und außerhalb der Schule kleine Gruppen für Kinder ab 11 Jahren und für Jugendliche eingerichtet, so wie ich es jetzt tue.

Es ist mir dennoch ein Anliegen, über meine Erfahrungen zu berichten, die ich im Rahmen dieser „Grenzübertritte" gemacht habe. Alle Arbeiten weisen darauf hin, wie wohl es auf vielerlei Weise den Kindern, aber auch den Elternhäusern tut, wenn Lehrerinnen und Lehrer mit vorbehaltloser Achtung auf sie und ihr Schicksal schauen.

Ich möchte allen Lehrerinnen und Lehrern raten, selbst an ein oder mehreren Seminaren für Familien-Stellen teilzunehmen. Sie haben hier die Möglichkeit, ihre Beziehung den eigenen Eltern gegenüber zu reflektieren, Achtung zu entwickeln vor dem Schicksal, das sich in ihrer Familie entwickelt, und Achtung vor der Tatsache, dass wir nur bedingt in der Lage sind, unser Schicksal zu wenden. Darüber hinaus erfahren Teilnehmer in diesen Seminaren so viele Facetten familiärer Konstellationen und Dynamiken, dass sie für die ihnen anvertrauten Kinder und Familien einen sicheren Blick entwickeln können.

Die klare Haltung einer Lehrerin, eines Lehrers ist für Schulkinder immer noch die beste Unterweisung.

Ich würde es begrüßen, wenn die Auseinandersetzung mit der eigenen Herkunftsfamilie und das Studium systemisch-phänomenologischer Zusammenhänge in Familien zum Gegenstand der Lehrerausbildung würde. (Siehe auch die Abschnitte 2.11.)

Einladung zur Mitarbeit

Alle Lehrerinnen und Lehrer, die bei der Lektüre dieses Buches bemerkt haben, dass sie bereits „systemisch" in der Schule arbeiten, entsprechende Projekte planen oder durch das Buch angeregt sind, neue Wege im Umgang mit Kindern, Eltern, Kollegen und Vorgesetzten zu beschreiten, Unterrichtseinheiten neu zu gestalten, möchte ich einladen, an einem Sammelband über „Neue Wege in der Schule" mitzuarbeiten. Hier sollen neben dem bereits Erwähnten auch methodische Vorgehensweisen in den einzelnen Fächern und fächerübergreifenden Projekten dargestellt werden.

Ebenso bitte ich Eltern, Vorgesetzte sowie (ehemalige) Schülerinnen und Schüler, die neue, „systemische" Wege beschritten und erlebt haben, ihre Erfahrungen aufzuschreiben.

Bitte schicken Sie Ihren Bericht an:

Marianne Franke-Gricksch, Osterwaldstr. 153, 80805 München

oder über www.marianne-franke.de

• • • • • • • • •

Literatur

Themenbereich Therapie

Bateson, G. (1981): Ökologie des Geistes. Anthropologische, psychologische, biologische und epistemologische Perspektiven. Frankfurt am Main (Suhrkamp).

Brink, O. (1999): Vitamine für die Seele. Heilende und heitere Geschichten. Wuppertal (Hammer).

De Shazer, St. (1989): Der Dreh. Überraschende Wendungen und Lösungen in der Kurzzeittherapie. Heidelberg (Carl-Auer-Systeme).

De Shazer, St. (1992): Das Spiel mit Unterschieden. Wie therapeutische Lösungen lösen. Heidelberg (Carl-Auer-Systeme).

De Shazer, St. (1995): Der Dreh. Überraschende Wendungen und Lösungen in der Kurzzeittherapie. Heidelberg (Carl-Auer-Systeme).

Foerster, H. von (1985): Sicht und Einsicht. Braunschweig (Vielweg)

Foerster, H. von (1987): Entdecken oder Erfinden – Wie lässt sich Verstehen verstehen? In: W. Rotthaus (Hrsg.): Erziehung und Therapie in systemischer Sicht. Dortmund (modernes lernen), S. 22–60.

Foerster, H. von (1994): Über Bewußtsein, Gedächtnis, Sprache, Magie und andere unbegreifliche Alltäglichkeiten. Vortrag in Frankfurt. [Audiokassette, Autobahn Universität Nr. 2501]. Heidelberg (Carl-Auer-Systeme).

Gergen, K. J. (1985): The social construction of the person. New York u. a. (Springer).

Glasersfeld, E. v. (1996): Radikaler Konstruktivismus. Ideen, Ergebnisse, Probleme. Frankfurt am Main (Suhrkamp).

Goolishian, H. A. u. H. Anderson (1988): Menschliche Systeme: Vor welche Probleme sie uns stellen und wie wir mit ihnen arbeiten. In: L. Reiter et al. (Hrsg.): Von der Familientherapie zur systemischen Perspektive. Heidelberg (Springer), S. 189–216.

Hellinger, B. (1994): Ordnungen der Liebe. Ein Kurs-Buch. Heidelberg (Carl-Auer-Systeme).

Hellinger, B. (1996): Die Mitte fühlt sich leicht an. Vorträge und Geschichten. München (Kösel).

Hudson O'Hanlon, W. u. A. Hexum (Hrsg.) (1994): Milton H. Ericksons gesammelte Fälle. Stuttgart (Klett-Cotta).

Ludewig, K. (1992): Systemische Therapie. Grundlagen klinischer Theorie und Praxis. Stuttgart (Klett-Cotta).

Madelung, E. (1996): Kurztherapien. Neue Wege zur Lebensgestaltung. München (Kösel).
Maturana, H. u. F. J. Varela (1972): De maquinas y seres vivos. Santiago de Chile (Ed. Universitavia).
Maturana, H. u. F. J. Varela (1987): Der Baum der Erkenntnis. Die biologischen Wurzeln des menschlichen Erkennens. Bern/München (Scherz Verlag).
Neuhauser, J. (Hrsg.) (1999): Wie Liebe gelingt. Die Paartherapie Bert Hellingers. Heidelberg (Carl-Auer-Systeme).
Simon, F. B. (1993): Meine Psychose, mein Fahrrad und ich. Zur Selbstorganisation von Verrücktheit. Heidelberg (Carl-Auer-Systeme).
Simon, F. B. (1995): Die andere Seite der Gesundheit. Ansätze einer systemischen Krankheits- und Therapietheorie. Heidelberg (Carl-Auer-Systeme).
Watzlawick, P. (1991): Die Möglichkeit des Andersseins. Zur Technik der therapeutischen Kommunikation. Bern u. a. (Huber).
Willi, J. (1991): Was hält Paare zusammen? Der Prozeß des Zusammenlebens in psychologischer Sicht. Reinbek (Rowohlt).

Themenbereich Schule

Banyai, I. (1995): Zoom. Aarau/Frankfurt a. M./Salzburg (Sauerländer).
Buck, G. (Hrsg.) (1989): Lernen und Erfahrung – Epagogik. Zum Begriff der didaktischen Induktion. Darmstadt (Wiss. Buchges.).
Brügelmann, H. u. H. Ballhorn (Hrsg.) (1990): Das Gehirn, sein Alphabet und andere Geschichten. Konstanz (Faude).
Brunner, E. J. (1990): Zur systemischen Analyse von Lehr- und Lernprozessen. In: R. Huschke-Rhein (Hrsg.): Systemische Pädagogik, Bd. IV. Köln (Rhein).
Ergenzinger, E. (1985): Sich die Arbeit leichter machen: Beispiele für systemisches Denken und Handeln im Klassenzimmer. In: C. Henning u. U. Knödler (Hrsg.) Problemschüler – Problemfamilien. Weinheim (Beltz), S. 206–218.
Fauser, P. u. E. Madelung (Hrsg.) (1996): Vorstellungen bilden. Beiträge zum imaginativen Lernen. Seelze (Friedrich).
Fauser, P. (Hrsg.) (2000): Was heißt schon Erfahrung? Bemerkungen zu einem pädagogischen Grenzwort. Neue Sammlung, Sonderdruck. Stuttgart (Klett-Cotta).
Flitner, A. (1992): Reform der Erziehung. Impulse des 20. Jahrhunderts. München (Piper), erw. Neuausg. 1999.
Franke-Gricksch, M. (2000a): Systemisches Denken und Handeln in der Schule. In: G. Weber (Hrsg.): Praxis der Organisationsaufstellungen. Grundlagen, Prinzipien, Anwendungsbereiche. Heidelberg (Carl-Auer-Systeme), S. 195–206.
Franke-Gricksch, M. (2000b): Anwendungen systemisch-phänomenologischer Erkenntnisse in der Berufssupervision für Lehrer. In: S. Gómez Pedra (Hrsg.): kindliche Not und kindliche Liebe. Familien-Stellen und systemische Lösungen in Schule und Familie. Heidelberg (Carl-Auer-Systeme), S. 169–188.
Fuhr, R. u. M. Gremmler-Fuhr (1988): Faszination Lernen. Transformative Lernprozesse im Grenzbereich von Pädagogik und Psychotherapie. Köln.

Hackl, B. (2000): Systemisch denken – pädagogisch handeln? Reichweite, Paradoxien und Selbstmissverständnisse eines populären Idioms. Innsbruck (Studienverlag).
Hennig, C. u. U. Knödler (1998): Problemschüler – Problemfamilien. Ein praktisches Lehrbuch zum systemischen Arbeiten mit schulschwierigen Kindern. Weinheim (Beltz).
Hentig, H. von (1973): Schule als Erfahrungsraum? Eine Übung im Konkretisieren einer pädagogischen Idee. Stuttgart (Klett).
Huschke-Rhein, R. (Hrsg.) (1990): Systemische Pädagogik. Band IV. Köln (Rhein-Verlag).
Ludewig, K. (1987): Therapie und Erziehung – Widerspruch oder Ergänzung? In: W. Rotthaus (Hrsg.): Erziehung und Therapie in systemischer Sicht. Dortmund (modernes lernen), S. 90–100.
Ludewig, K. (1992): Systemische Therapie. Grundlagen klinischer Theorie und Praxis. Stuttgart (Klett).
Molnar, A. u. B. Lindquist (1997): Verhaltensprobleme in der Schule. Dortmund (modernes lernen).
Marquard, O. (1986): Apologie des Zufälligen. Stuttgart (Reclam).
Rotthaus, W. (2000): Wozu erziehen? Entwurf einer systemischen Erziehung. Heidelberg (Carl-Auer-Systeme).
Schlippe, A. von u. J. Schweitzer (1998): Lehrbuch der systemischen Therapie und Beratung. Göttingen (Vandenhoeck & Ruprecht).
Schricker, G. (1997): Wie Lehrkräfte ihre Berufsbelastung meistern. München (Schulverwaltung BY, Nr. 10/97).
Schricker, G. (i. Vorb.): Lernen neu entdecken – in und außerhalb der Schule. In: P. Denbostel, W. Markert, H. Novak. Erfahrungslernen. Gütersloh (Bertelsmann).
Schricker, G. (1984): Körperbewußtsein als grundlegende Dimension. *Sportpädagogik* 6/84, S. 101.
Schricker, G. (1989): Ausgleich erleben. *Sportpädagogik* 4/89.
Schricker, G. (1993): Kriterien für einen gesunden Bewegungsunterricht in der Berufsschule. *Zeitschrift der Institute für Sportwissenschaften der Universität Graz/Innsbruck/Salzburg/Wien* 4.
Schricker, G. (1999): Körperarbeit im Lehrerseminar. Ein Beitrag zur pädagogischen Praxis von Lehrkräften aller Fächer und Schularten. *Sportpädagogik* 2.
TIMMS (2000): Vergleichsstudie für den mathematischen und naturwissenschaftlichen Unterricht. Opladen (Leske u. Buderich).
Voß, R. (Hrsg.) (1997): Die Schule neu erfinden. Systemisch-konstruktivistische Annäherungen an Schule und Pädagogik. München (Luchterhand).

Über die Autorin

© Bernd Noelle

Marianne Franke-Gricksch, geb. 1942 in München, zwei Söhne, geschieden.

Nach 25 Jahren als Lehrerin an Grund- und Hauptschulen und langjähriger paralleler Berufserfahrung in Psychotherapie und Familien-Stellen jetzt in freier Praxis für Psychotherapie und Familientherapie tätig.

Ab 1975 machte sie kontinuierlich Aus- und Fortbildungen in Primärtherapie, Familien-Stellen bei Bert Hellinger, Hypnotherapie bei Gunther Schmidt, Kurztherapie bei Steve de Shazer und eine Ausbildung zur Heilpraktikerin.

Heute leitet sie Gruppenseminare für Familien-Stellen und bietet Paar- und Einzeltherapie an. Ihre besondere Aufmerksamkeit gilt den Erfahrungen, die sie in der Berufssupervision mit Lehrern und Therapeuten sowie in systemisch orientierten Therapiegruppen für Jugendliche zwischen 16 und 22 Jahren sammelt.

Wilhelm Rotthaus

Wozu erziehen?

Entwurf einer
systemischen Erziehung

Wozu erziehen?

174 Seiten, Kt
4. Aufl. 2002
ISBN 3-89670-284-X

„Das Buch stellt einen äußerst gelungenen und lesenswerten Versuch dar, den Prozeß der Erziehung aus systemtheoretischen Gesichtspunkten zu betrachten und zu einem Dialog über das Thema einzuladen."

System Schule

„Rotthaus führt sehr anschaulich und gut lesbar in das Thema ein. In einfacher Sprache entwirft er sein eigenes Bild vom Kind als autonomem, eigenständigem Lebewesen eigenen Rechts, das allerdings nicht unabhängig von seiner sozialen, politischen und physischen Umwelt verstanden werden kann. Damit wird endlich einmal wieder ehrlich und realistisch argumentiert und der ideologische Müll aus antiautoritären und autoritären Ecken beiseite gefegt. Dieses kleine, spontan geschriebene Buch des praktizierenden Psychiaters ist angenehm zu lesen und sehr hilfreich. Für jeden, der sich nicht mit Tricks und doppeltem Boden aus seiner eigenen erzieherischen Beziehung herausdefinieren und herausreden möchte, steht hier alles Wichtige aufgeschrieben."

Psychologie heute

www.carl-auer.de

Sylvia Gómez Pedra

Kindliche Not und kindliche Liebe

Familien-Stellen und systemische Lösungen in Schule und Familie

208 Seiten, Kt
2., korr. u. überarb.
Aufl. 2002
ISBN 3-89670-280-7

Gestörtes und auffälliges Verhalten von Kindern bringt Eltern und andere erwachsene Begleiter oft an den Rand ihrer Kräfte, löst Aggressionen und Unverständnis aus und endet nicht selten in einem Ausschluss des schwierigen Kindes aus dem normalen sozialen Umfeld.

Dieses Buch bietet konkrete Hilfe an. Die Autoren bringen ihre vielfältigen Erfahrungen als Therapeuten, Lehrer und Eltern ein, um zusammen mit den Betroffenen hinter Verhaltensstörungen und Krankheiten bei Kindern zu schauen. Werden einmal jene Beweggründe erkannt, die Kinder tatsächlich in auffälliges Verhalten treiben, so lassen sich auch die Kraftquellen in der Familie erschließen, aus denen ihnen Ruhe und Sicherheit zukommen. Die Entlastung für alle Betroffenen – Kinder wie Erwachsene – ist unmittelbar spürbar.

Kindliche Not und kindliche Liebe

Carl-Auer-Systeme Verlag

Playmobil-Set

40 Figuren
Männer, Frauen und Kinder
in verschiedenen Farben
€ 44,– • Bestell-Nr. 2078

Die Figuren von „Playmobil" sind beliebte Spielfiguren, die seit langem in fast jedem Kinderzimmer zu finden sind. Aber auch in therapeutischen Praxen, Beratungsstellen und in der Unternehmensberatung finden sie vermehrt Anwendung, um Beziehungssysteme räumlich darzustellen.

Dieses Set wurde von der erfahrenen Beraterin Sieglinde Schneider speziell für die Aufstellungsarbeit konzipiert und zusammengestellt.

Fünf unterschiedliche Farben ermöglichen es, verschiedene Familien-, Team- oder andere Systemzugehörigkeiten hervorzuheben. Innerhalb der Darstellung einer Familie oder eines Teams lassen sich über Kleidung und Haarfarbe weitere Differenzierungen sichtbar machen. Durch die unterschiedliche Größe lassen sich die Stellvertreter von Erwachsenen bzw. von Kindern oder Hierarchieunterschiede in Organisationen und Unternehmen gut darstellen. Das Figurenset ist leicht und damit auch bei externen Beratungsterminen, Workshops und Weiterbildungen gut einzusetzen.

Das Set ist für Aufstellungen von Familien in der Einzelarbeit ebenso gut geeignet wie im Coaching, bei der Beratung von Teams und in Organisationsabteilungen.

Sie werden in ihrer menschenähnlichen Gestalt von den Klienten sehr gut angenommen. Aufstellungen mit diesem Figurenset zu praktizieren kommt in der Intensität dem Erleben von Aufstellungen in Gruppen am nächsten.

Wieslocher Institut für systemische Lösungen WiSL
Dr. Gunthard Weber
Exklusivvertrieb: Carl-Auer-Systeme Verlag

Es gibt viele Dinge – wahrscheinlich die wesentlichsten –, die man sich nur sagen lassen kann, damit man sie glaubt.

„Zugehörigkeiten" oder „natürliche" „Ordnungen"?

Wilhelm Rotthaus (2000), Wozu erziehen? Entwurf einer systemischen Erziehung „interaktive Entwicklung"

Eva Madelung (1996), Kurztherapien